Goûters magiques

Du même auteur, aux éditions Albin Michel :
Goûters magiques pour les filles, 2010
Goûters magiques pour les garçons, 2010

À Felix et Benjamin

Merci tout d'abord à ma mère, Marie Imbault, extraordinaire cordon bleu qui fait depuis toujours de chaque plat un geste d'amour. Sans son invraisemblable générosité et son énergie hors pair, je n'aurais jamais eu cette imagination. Merci à Felix et Benjamin qui m'ont inspiré la plupart de ces gâteaux, et à Rosie, qui m'en inspire de nouveaux. Et là, je vous promets encore bien des surprises...

Je tiens aussi à remercier Isabelle Duval, grande initiatrice des concours de cuisine du Journal du Dimanche, que j'ai eu le privilège de remporter il y a quelques années en compagnie de Marc Hivernat. Merci à Richard Ducousset, qui m'a suggéré d'en faire un livre de cuisine et à Bernard Martinat, merveilleux organisateur du salon gourmand de Périgueux : j'y ai fait la connaissance de Laure Paoli, mon éditrice, dont l'enthousiasme m'a permis de donner corps à cet ouvrage. Merci à elle et à toute son équipe pour leur patience, leur ingéniosité et leur entrain à le faire. Merci enfin à Claude Combet et à l'ensemble de mes proches qui m'ont toujours encouragée.

Marie-Christine Mahon de Monaghan

Goûters magiques

Stylisme de Julie Schwob
Photographies de Alexandra Duca

Albin Michel

Jamais je n'aurais pu concevoir de fêter l'anniversaire d'un de mes fils sans lui faire son gâteau. Pourtant lorsque Felix a eu trois ans, ma cuisine était dans un tel chaos – je venais à peine d'emménager dans un appartement en travaux – qu'il m'était impossible de cuisiner. Je m'étais, de plus, ruinée dans l'achat de cet appartement. La mort dans l'âme, j'ai acheté dans le quartier quatre mille-feuilles et quelques petits jouets en bois : des panneaux routiers, des voitures, bref, des bricoles sans conséquence. Sans « véritables » gâteau ni cadeau, j'ai eu une vraie crise d'angoisse.

Restait alors à me dépasser pour offrir coûte que coûte à mon petit Felix une fête digne de ce nom : un peu de réflexion, quelques bonbons, et le tour a été joué.

Quand je revois, aujourd'hui encore sur les photos, le regard de mon fils lorsque je lui ai apporté son petit train, j'ai su que j'avais gagné la partie. J'ai recommencé un mois plus tard pour Benjamin, qui soufflait les deux mâts de son galion pour son deuxième anniversaire. Et je vous assure que mon moussaillon s'en souvient encore…

Chaque fête, chaque anniversaire a été ensuite un défi à relever : de quelle façon illustrer la passion du moment, le cadeau offert ou à venir, le thème à la mode, pour à chaque fois, voir ces yeux-là ?

Fruits d'observations, de réflexions, ces modèles, réduits dans leur plus extrême simplicité, peuvent tous être réinterprétés et réadaptés, mais quoiqu'il en soit, ils répondent à une même règle, celle d'être faciles et rapides à mettre en scène.

Les grands s'amuseront à les réaliser et les petits à les dévorer.

Marie-Christine Mahon de Monaghan

Sommaire

Les chaussons de
danse de Rosie
56

Le sapin de Noël
60

Ben le pirate
64

Les autos
tamponneuses
68

L'hélicoptère
72

La caisse enregistreuse
76

Le nid de Pâques
80

Le violon de Charles
84

La régate des ours
88

La couronne de Marie
92

- 4 éclairs, parfum au choix, achetés chez le pâtissier
- 1 pâte sablée (recette p. 114) ou achetée toute prête
- 8 biscuits langues-de-chat
- 8 bonbons anglais ronds (cœur réglisse)
- 8 Smarties (facultatif)
- 4 bonbons bananes (facultatif)
- Glaçage blanc (recette p. 117)

Matériel
- 28 piques alimentaires en bois

Préparation : **1 h**
Cuisson : **10 min**

L'AVION VICTOR TANGO

- Préchauffez le four à 210 °C (th. 7).

- Étalez la pâte sablée au rouleau sur 4 mm d'épaisseur.
Dedans, découpez 8 bandes de 20 x 5 cm à l'aide d'un couteau pointu.

- Disposez-les sur une plaque allant au four, recouverte de papier sulfurisé,
et faites-les cuire pendant 10 min.

- Reliez les bonbons anglais deux par deux à l'aide de piques, puis plantez dans chaque
paire de roues 2 piques en « V », de manière à former un triangle (voir p. 11).

- Retirez les sablés du four lorsqu'ils sont légèrement dorés et retournez-les
immédiatement sur une grille. Avant qu'ils refroidissent, plantez 2 piques
en « V » à 2 cm de chaque extrémité de 4 sablés (voir ci-contre). De même, plantez
au milieu des 4 autres sablés la pointe du train d'aterrissage.

Assemblez l'avion

- À une extrémité de chaque éclair, faites une entaille de 2,5 cm dans le sens
de la longueur. Adossez 2 moitiés de biscuit langue-de-chat et glissez-les verticalement
dans cette fente pour représenter l'aileron arrière.

- Délicatement, disposez chaque éclair sur chacun des 4 sablés posés
sur les roues, perpendiculairement à eux et au tiers de la longueur de l'éclair,
vers l'avant. Au besoin, utilisez des bonbons ou des gobelets retournés
pour soutenir l'arrière de l'éclair.

● Posez tout aussi délicatement les 4 autres sablés, parallèlement aux premiers au-dessus des éclairs, en fixant doucement les piques des sablés supérieurs dans les sablés inférieurs (si les sablés sont trop secs, utilisez du glaçage blanc pour toutes les fixations).

● Vous pouvez placer sur chaque biplan 2 Smarties de même couleur pour figurer les yeux et 1 bonbon banane pour la bouche, à la place de l'hélice.

● Servez 1 avion par enfant.

Ou encore

Les mini-biplans. Ces biplans peuvent être réalisés à partir de mini-éclairs. Prenez alors 2 gaufrettes Paille d'Or pour exécuter les ailes, fixées au-dessus et en dessous de l'éclair par des piques alimentaires coupées au tiers de leur longueur et disposées en « V », de la même manière que pour le grand modèle.

Pour l'aileron arrière, utilisez 1/2 langue-de-chat. Pour les roues, procédez de la même manière en utilisant des bonbons réglisse longs fourrés au sucre. Pour l'hélice, coupez un morceau de gaufrette Paille d'Or et fixez-le à l'avant du biplan grâce à un petit morceau de pique alimentaire.

Les gros porteurs. Utilisez de grands éclairs. Découpez et faites cuire 8 bandes de pâte sablée de 6 cm de long sur 5 cm de large (si vous le souhaitez, vous pouvez arrondir les extrémités). Au milieu de chaque bande bien refroidie, et perpendiculairement à celle-ci, fixez avec du gla-çage blanc 1 biscuit Finger au chocolat, la partie plate tournée vers la pâte, pour figurer le réacteur.

De chaque côté de l'éclair, faites 2 entailles dans le sens de la longueur : une à l'avant, de 5 cm de long, et une à l'arrière, de 2,5 cm de long. Dans la première entaille, glissez 1 bande de pâte sablée figurant une aile, le réacteur vers le bas. Dans l'entaille située à l'arrière, glissez 1 langue-de-chat figurant l'aileron. Faites de même de l'autre côté de l'éclair.

Terminez par 2 motiés de biscuit langue-de-chat adossées l'une à l'autre et insérez-les à l'arrière, pointe en l'air, comme pour le biplan.

Bon à savoir : si vous achetez de la pâte sablée, comptez 2 disques de pâte prête à dérouler.

Un goûter vu du ciel

Prévoyez des petits cadeaux à emporter : disposez quelques bonbons avions gélifiés de couleurs différentes et 1 ou 2 petites guimauves blanches dans un carré de non-tissé ou de tulle fermé par un ruban.

• 2 génoises au thé matcha plates et minces de 30 x 40 cm (recette p. 10)
• 4 gaufres (achetées toutes faites)
• 12 oursons gélifiés jaune
• 12 oursons gélifiés ver
• 3 oursons gélifiés noirs (réglisse
• 20 oursons gélifiés, couleurs au choi
• 1 bonbon ruban roug
• 1 cigarette russ
• 1 biscuit rectangulaire aux amande
• Lettres et chiffres en sucre Vahin
• Sucre glac
• Glaçage blanc (recette p. 11)

Matérie

• 1 bougie ballon (dans les rayons décor pâtisserie
• Piques alimentaires en boi

Préparation : 1

LE TERRAIN DE FOOT

Préparez le terrain

● Découpez les bords des 2 génoises pour qu'ils soient bien réguliers et posez-les côte à côte sur le plateau de présentation de manière à obtenir une surface de 60 x 40 cm environ.

● Marquez les limites du terrain : préparez des bandes de cartons en guise de pochoir, placez-les à 5 mm l'une de l'autre et à 2 cm du gâteau. Tamisez du sucre glace au-dessus.

● Préparez les cages de but : évidez soigneusement à l'aide d'un couteau pointu chaque carré des gaufres de manière à en faire un grillage. Coupez 1 gaufre en 4 carrés. Dans 2 autres gaufres, ôtez 1 ligne de carreaux dans la longueur, réservez. Coupez la dernière gaufre en deux dans la longueur. Pour chaque cage, au milieu des 2 extrémités du terrain, posez verticalement sur son côté long 1 gaufre coupée aux deux tiers. De chaque côté, collez 2 quarts de gaufre pour faire un « U » et couvrez le tout avec 1/2 gaufre (voir ci-contre). Fixez au glaçage blanc si nécessaire.

● Délimitez la surface de réparation au sucre glace devant les buts : à environ 9 cm de chaque coté de la cage de but, et à environ 9 cm de la ligne du terrain, tracez un cadre, puis un arrondi sur son grand côté, face à l'entrée de la cage de but. Marquez la ligne de centre du terrain, ainsi qu'un cercle au milieu d'environ 9 cm de diamètre (voir p. 13).

● Pour les corners, coupez dans le bonbon ruban rouge des triangles d'environ 2 cm de hauteur et fixez-les sur des piques alimentaires coupées en deux. Plantez les drapeaux aux coins du terrain.

Le panneau d'affichage

● Sur le biscuit rectangulaire aux amandes, collez au glaçage blanc les lettres et chiffres en sucre Vahiné pour faire apparaître le nom des équipes et leur score.

● Fixez le biscuit au glaçage blanc sur la cigarette russe à une de ses extrémités.

● Plantez le panneau dans la génoise au bord du terrain.

● De grandes bougies placées autour du terrain pourront figurer les projecteurs.

Répartissez les personnages

● Fixez les oursons gélifiés au glaçage blanc ou à l'aide de piques alimentaires.

● Positionnez les joueurs : 10 oursons jaunes et 10 oursons verts sur le terrain, 1 ourson jaune et 1 ourson vert devant les buts et les « remplaçants » sur le côté. Posez devant ces derniers une des rangées de gaufre réservées.

● Positionnez les arbitres : 1 ourson noir sur le terrain et 2 autres sur les lignes.

● Placez la bougie ballon et répartissez le « public » tout autour du terrain.

Marquez des points avec ce goûter sportif !

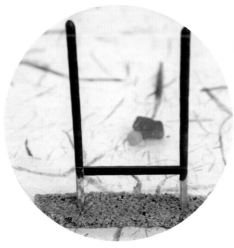

Pour servir : donnez à chaque enfant un morceau de terrain, avec 1 ou plusieurs joueurs. 1 Dragibus pourra figurer le ballon.

Prévoyez des petits cadeaux à emporter : vous pourrez offrir à chaque enfant une paire de bonbons baskets gélifiés dans une boîte.

Ou encore : si votre enfant préfère le rugby, vous pouvez procéder de la même manière, en changeant le tracé des lignes. Pour les poteaux, utilisez 3 biscuits Mikado. Dans l'un, coupez un morceau de 5 cm environ. Fixez-le à l'aide de glaçage blanc perpendiculairement aux 2 autres biscuits juste au dessus de leur partie non chocolatée. Formez ainsi 2 buts et plantez-les dans la génoise d'un côté et de l'autre du terrain.

- 2 génoises plates et minces au choix de 30 x 40 cm (recettes pp. 106 à 109)
- 2 gâteaux au choix en forme de cake de 30 cm (recettes pp. 106 à 113)
- 5 barquettes Trois chatons, parfums au choix
- 4 madeleines longues
- 4 sablés « lunettes » à la confiture, achetés chez le boulanger
- 3 nonnettes
- 2 Smarties
- 10 mini-oursons gélifiés
- 10 oursons gélifiés
- 8 biscuits Mikado
- 1 paquet de Karaneige
- 4 bonbons LifeSavers

- 1 bonbon ruban ve
- 1 bonbon ruban ble
- 1 bonbon ruban roug
- 1/2 crêpe bretonn (achetée toute fait
- 2 Toupies tricolore
- Lettres en sucre Vahir
- 4 bonbons réglis longs fourrés au suc
- 1 gros bonbon frais
- Bonbons cailloux jaune
- Bonbons poissons gélifié
- Glaçage blanc (recette p. 11

Matéri

- 5 piques alimentaires en bo

Préparation : 1

PORT LÉON

Préparez la mer

● Rassemblez les deux génoises pour former une plaque de 60 x 40 cm. Vous pouvez poser les génoises sur un plat de la même dimension, un grand plateau ou encore une planche en bois.

Préparez les quais

● Enlevez si nécessaire la partie supérieure des gâteaux en forme de cake pour obtenir 2 surfaces bien lisses et coupez chaque gâteau en deux dans son épaisseur.

● Positionnez une moitié de gâteau sur le bord du plus petit côté de la génoise, puis l'autre, parallèlement et à l'opposé de la génoise, mais à 10 cm du bord pour figurer la digue.

● Coupez les 2 moitiés restantes encore en deux dans le sens de leur longueur, puis placez-les perpendiculairement aux précédentes, l'une sur le grand côté de la génoise

et l'autre à l'extrémité du premier quai, pour figurer les digues. L'espace entre les extrémités des 2 digues, qui forme l'entrée du port, doit être assez large pour faire passer au moins un sablé « lunettes ».

● Du côté extérieur de chaque digue, disposez grossièrement des Karaneige pour figurer les rochers.

Préparez les bateaux

● Les petits voiliers : coupez 5 cm de bonbon ruban rouge. Pliez-le en deux dans le sens de la longueur et collez-le sur 1 pique alimentaire à l'aide de glaçage blanc pour figurer une voile repliée autour du mât. Recommencez l'opération avec une autre couleur. Plantez 1 mât à l'avant de chaque barquette.

● Les canots : entaillez 2 madeleines longues au tiers sur 1 cm et glissez-y 2 Smarties pour figurer les volants. Entaillez une madeleine au milieu, de manière à pouvoir y placer 1 mini-ourson gélifié. À l'avant du bateau, plantez 2 bonbons cailloux jaunes pour les phares.

● Enlevez la moitié de la partie supérieure de 2 autres madeleines. Coupez des morceaux de bonbons rubans de taille équivalente à la partie retirée de la madeleine, arrondissez une des extrémités et disposez-les sur les madeleines ainsi découpées pour faire des bâches. Vous pouvez également disposer sur les canots des bonbons LifeSavers pour faire les bouées de sauvetage, et planter à l'arrière des canots des petits drapeaux découpés dans les bonbons rubans.

● Les gros voiliers : coupez dans 4 biscuits Mikado 1 cm de la partie non chocolatée. Plantez 1 biscuit Mikado entier dans un rond de confiture de chaque sablé et 1 biscuit Mikado plus court dans l'autre rond. Placez 3 de ces voiliers le long de la digue restée libre, du côté du port.

● Coupez les bonbons réglisse longs fourrés au sucre en deux et disposez-les près des bateaux pour figurer des pare-battage.

● Dans la crêpe, découpez 2 triangles de la hauteur d'un biscuit Mikado et percez-y 2 petits trous, 1 vers la pointe et 1 autre vers la base. Accrochez les voiles aux mâts du quatrième sablé en glissant les biscuits Mikado dans les trous. Disposez 1 bonbon LifeSavers à l'arrière du voilier pour faire une bouée ainsi que des mini-oursons gélifiés jaunes (en ciré !) au milieu du sablé, si besoin avec du glaçage blanc.

Préparez le phare

● Sur la tranche de 1 nonnette, collez avec du glaçage blanc les lettres en sucre Vahiné pour former le mot « PORT » et le nom de l'enfant.

● À l'extrémité d'une digue, superposez les 3 nonnettes en les maintenant à l'aide de glaçage blanc et en terminant par celle portant le nom de l'enfant. Terminez le phare par 1 gros bonbon à la fraise.

● Placez quelques oursons gélifiés à bord des embarcations et sur les quais.

● Ajoutez des bouées à l'entrée du port, figurées par des Toupies tricolores, et éventuellement quelques bonbons poissons gélifiés.

Jetez l'ancre pour le goûter !

Pour servir : chaque enfant trouvera dans son assiette un morceau du quai avec des rochers, 1 ou 2 embarcations et des marins oursons en ciré.

Prévoyez des petits cadeaux à emporter. Préparez davantage de petits bateaux, canots et voiliers. Emballez-les dans du papier cristal transparent ou bleu.

- 1 gâteau au choix de forme rectangulaire 16 x 32 cr
(recettes pp. 106 à 11;
- 10 bonbons rubans de parfums différent
- 40 mini-bonbons en sucre, de couleurs différente
- 2 fraises Tagad
- 2 biscuits Mikad
- Glaçage blanc (recette p. 11

*Préparation : **30 mi***

LE XYLOPHONE D'ANGÈLE

● Taillez le gâteau en un trapèze qui aura la dimension finale
de 16 x 32 x 8 cm (voir ci-contre).

● Coupez les bonbons rubans en 10 morceaux de différentes longueurs,
de 14 cm pour le plus grand à 6 cm pour le plus petit, en enlevant 0,8 cm
à chaque fois (voir p. 23).

● Collez avec une pointe de glaçage blanc les 10 « lames » de bonbons
rubans bien parallèlement sur toute la surface du gâteau, en laissant
1 cm tout autour de chacune d'elles et en veillant à alterner les couleurs.

● Collez 1 mini-bonbon en sucre dans les angles de chaque bande
pour faire les vis.

● Préparez les 2 mailloches en piquant 1 fraise Tagada à l'extrémité
de chaque biscuit Mikado.

Ou encore

Déco. Vous pouvez masquer le bord du xylophone avec un bonbon ruban, du glaçage ou encore un morceau de ruban en tissu.

Pour servir. Vous pouvez servir ce gâteau avec une crème anglaise, une crème pâtissière ou une glace.

Faites vos gammes...

Prévoyez des petits cadeaux à emporter : vous pouvez offrir à chaque enfant un bouquet de mailloches liées par un ruban.

...de couleur !

Pour servir : en accompagnement de la part de gâteau, vous pouvez préparer une paire de mailloches par enfant et agrémenter le tout de quelques bonbons colorés.

Pour 4 enfants

- 5 millefeuilles
- 15 biscuits Mikado
- 11 rouleaux de réglisse
- 17 bonbons anglais ronds (cœur réglisse)
  de quatre couleurs différentes
- 1 tube de bonbons
  cailloux colorés
- 1 ours guimauve au chocolat
- 1 glaçage blanc (recette p. 117)

Matériel
- 1 petite bougie

Préparation : **20 min**

LE PETIT TRAIN
DE FELIX

Préparez la voie de chemin de fer

● Déroulez 2 rouleaux de réglisse en deux lignes parallèles à environ 5 cm
l'une de l'autre. Vous ferez les traverses à la fin (voir p. 27), après avoir placé
la locomotive et les wagons.

● Posez le train sur les voies : alignez 4 millefeuilles sur les rails.

Préparez la locomotive et les wagons

● Placez le cinquième millefeuille sur sa tranche afin de le couper
délicatement en deux sans qu'il s'écrase, puis posez une des deux moitiés
à l'arrière du millefeuille de tête pour faire la cabine du cheminot. Placez
l'ours guimauve au chocolat à l'avant de la cabine et plantez la bougie sur le nez
de la locomotive. Choisissez 5 bonbons anglais ronds (cœur réglisse) de couleur
identique et fixez-en 1 à l'avant de la locomotive avec du glaçage blanc.

● Fixez les 4 autres bonbons anglais ronds (cœur réglisse) de part et d'autre
de la locomotive à l'aide de glaçage blanc pour faire les roues. De même, placez
4 bonbons anglais ronds (cœur réglisse) de part et d'autre de chaque wagon.

● Reliez les wagons et la locomotive par des morceaux de biscuits Mikado.

● Placez les chargements sur les wagons : le reste de biscuits Mikado
lié par deux fils de réglisse, les bonbons cailloux colorés et deux tas
de 4 rouleaux de réglisse.

Finissez par les traverses de la voie

● Terminez par les traverses de la voie à l'avant et à l'arrière du train, en posant un morceau de réglisse dédoublé tous les 2 cm perpendiculairement aux rails.

● Ajoutez, avec le même espacement, des petits morceaux de réglisse de part et d'autre du train, cela figurera les extrémités des traverses de la voie, au niveau du train.

Ou encore

Des wagons citernes. Vous pouvez intercaler quelques éclairs pour faire des wagons citernes en y fixant, sur le même principe, 3 roues de chaque côté.

Les roues en marshmallows. Pour réaliser les roues, à défaut de bonbons anglais ronds (cœur réglisse), vous pouvez utiliser 9 marshmallows de couleur (gardez la même couleur pour chaque wagon) et 16 Smarties marron. Coupez alors les marshmallows en deux d'un coup sec. À l'aide de glaçage blanc, collez 1 Smarties au centre de chaque demi-marshmallow. Fixez une des deux moitiés restantes à l'avant de la locomotive et, de chaque côté, deux roues de couleurs identiques. Fixez de même les autres roues sur les wagons.

Les millefeuilles. Choisissez des pâtisseries recouvertes de sucre glace (pour créer une ambiance de neige) ou recouvertes de glaçage si vous choisissez d'allumer une bougie sur la locomotive.

Variez les décors

Créez votre ambiance : neige, campagne, bord de mer… Placez des bonbons (vaches gélifiées, sucettes pour figurer des arbres, biscuits Finger coupés en deux et empilés pour former des tas de bois…) autour du train ou encore des petits jouets en plastique (personnages, arbres, véhicules…).

Prévoyez des petits cadeaux à emporter. Des enveloppes colorées sur lesquelles vous aurez écrit bien lisiblement le prénom de chaque enfant et que vous garnirez de petits bonbons multicolores.

- 1 kouglof acheté chez le pâtissier
dont la taille sera choisie en fonction
de la taille de la poupée
- Sucre glace
- 300 g de dragées
chocolat argent

Matériel
- 1 poupée
- 1 napperon-dentelle argent (diamètre 12 cm)
- Papier aluminium (largeur 30 cm)
- 1 plat argenté

Préparation : **30 min**

La princesse

Préparez la poupée couleur de lune, son bustier et sa couronne

- Emballez soigneusement la poupée dans du papier aluminium, depuis la taille jusqu'aux pieds pour éviter de la salir. Couvrez son buste d'un morceau d'aluminium bien lisse, recouvrez-le d'un morceau de napperon-dentelle argent.

- Découpez la couronne dans du papier argenté et fixez-la avec un point de colle.

Préparez la jupe

- Dans chaque ligne creuse du kouglof, en partant de sa partie la moins large, piquez en oblique 5 dragées chocolat argent, la partie libre de la dragée dirigée vers la base du kouglof.

- Couvrez généreusement le kouglof de sucre glace. Ce dernier étant vite absorbé par le gâteau, il est préférable de retarder au maximum l'opération. Posez le kouglof sur le côté.

- À l'aide d'un petit pinceau, époussetez les dragées chocolat argent.

- Redressez le kouglof. Posez-le sur sur un plat argenté.
- Placez la poupée au centre du kouglof. Répartissez les dragées chocolat argent restantes sur le plat, autour de la princesse.

Ou encore ....

La robe confetti. Oubliez le sucre glace et remplacez les dragées chocolat argent par des Smarties. Pour le bustier de la poupée, utilisez du bonbon fil rouge que vous enroulerez bien serré. Et pour sa coiffure, amusez-vous avec ce même bonbon fil rouge (voir ci-contre).

La robe soleil. Remplacez les dragées chocolat argent par des dragées chocolat or. Conservez le papier aluminium pour emballer les jambes de la poupée avant de l'installer dans le kouglof (qui, cette fois, ne sera pas couvert de sucre glace) et exécutez son bustier dans un napperon-dentelle or.

Donnez le ton !

L'ambiance. Agrémentez votre table de dragées assorties à la robe de la poupée, réalisez des motifs de fleurs, vous pouvez aussi varier les décors : la vaisselle, les coloris autour de la poupée...

Prévoyez des petits cadeaux à emporter. Prévoyez des petits ballo-ins remplis de dragées assorties à la robe, que vous fermerez à l'aide d'un joli uban. N'oubliez pas d'y inscrire le nom de chaque enfant. Personnalisez !

- 1 gâteau au choix en forme de cake de 26 cm (recettes pp. 106 à 11?
- 1 pâte sablée (recette p. 114) ou achetée toute prêt
- 1 paquet de biscuits Mikad
- 5 bâtons de réglisse (achetés en pharmaci
- 10 bonbons anglais ronds (cœur réglisse) de même couleu
- 1 gaufrette Paille d'C
- 2 gaufrettes Résille d'C
- 5 dragées perles argent ronde
- 4 dragées perles argent ovale
- 6 bonbons mimos
- 1 mini-ourson gélifi
- 2 bonbons réglisse longs fourrés au sucr
- 1 nonnett
- 1 bonbon fil roug
- Lettres et chiffres en sucre Vahin
- Glaçage blanc (recette p. 11?

Matérie
- 2 pailles pliable

Préparation : **40 mi**

LE TRUCK DE JACK

- Coupez les bords du gâteau si vous souhaitez un aspect bicolore.

- Ôtez les deux tiers de la partie supérieure du gâteau comme sur la photo p. 35.

- Dans la partie ôtée, coupez un morceau de 7 cm de long. Taillez-le légèrement en pointe et placez-le à l'avant du camion, le côté le plus étroit à l'avant, pour figurer le bloc moteur (voir p. 35). Réservez les restes de gâteau. Vous pouvez assembler le camion sur un plateau, un grand plat, une planche en bois ou une feuille de papier, en fonction de l'ambiance que vous souhaitez donner au goûter.

- À l'aide de glaçage blanc, fixez les 10 bonbons anglais ronds (cœur réglisse) pour figurer les roues : de chaque côté, placez 1 roue à l'avant, 2 roues au milieu et 2 roues à l'arrière.

Terminez la cabine

- Les pots d'échappement : coupez les pailles pour ne garder que 1,5 cm de chaque côté de la partie pliable. Plantez une extrémité dans 1 bonbon réglisse long fourré au sucre. De l'autre côté du bonbon, plantez 1 biscuit Mikado légèrement raccourci. Constituez ainsi 2 pots d'échappement et fixez-les de part et d'autre de la cabine en plantant l'extrémité libre de la paille dans le gâteau.

● Le radiateur : dans la gaufrette Paille d'Or, découpez 2 morceaux de 2 cm. À l'aide de glaçage blanc, appliquez-les côte à côte sur l'avant du camion.

● Les phares : dans 1 gaufrette Résille d'Or, coupez 2 rangées de 3 carreaux. Collez à l'aide de glaçage blanc 1 bonbon mimosa dans 2 carreaux de chaque rangée. Plantez ces doubles phares de chaque côté du capot. Sur le toit de la cabine, collez 1 bonbon mimosa dans les deux coins avant.

● Les chromes : à l'aide de glaçage blanc, collez 2 dragées perles argent ovales sur le capot. Plantez les 2 autres sur le toit de la cabine. Collez les 5 dragées perles argent rondes sur le bord avant du toit de la cabine.

● Donnez un numéro au camion en collant sur le côté de la cabine 1 chiffre en sucre Vahiné. Placez le mini-ourson gélifié à l'avant de la cabine pour faire le chauffeur.

Terminez le camion et organisez le décor

● Disposez le chargement sur la plate-forme arrière du camion : pour cela, placez-y des biscuits Mikado et les bâtons de réglisse. Au bout d'un des bâtons, nouez un morceau de bonbon fil rouge en guise de signalisation.

● Le réservoir : dans la partie réservée du cake, coupez un morceau de 3 x 6 x 4,5 cm. Dans la deuxième gaufrette Résille d'Or, plantez 1 biscuit Mikado dans chaque coin, et plantez le tout dans le morceau de cake. De chaque côté de la base, plantez de biais 2 biscuits Mikado entre 2 autres biscuits (voir ci-contre). Sur la tranche de la nonnette, collez à l'aide de glaçage blanc des lettres en sucre Vahiné pour former le nom d'une ville américaine, d'un enfant, etc. Posez la nonnette sur la gaufrette Résille d'Or.

● Les panneaux : préparez une pâte sablée, étalez-la sur 4 mm d'épaisseur ou déroulez celle que vous avez achetée et découpez, avec la pointe d'un couteau, plusieurs formes de panneaux à l'américaine. Faites cuire au four sur une feuille de papier sulfurisé pendant 10 min environ. Laissez bien refroidir. À l'aide de glaçage blanc, collez sur les panneaux les lettres et les chiffres en sucre Vahiné pour former le nom de l'enfant, sa date d'anniversaire, etc. Collez 1 panneau sur 1 biscuit Mikado avec du glaçage blanc. Plantez-le verticalement sur le morceau de cake restant. Servez les autres panneaux à chacun des enfants, avec un morceau du camion.

Déco made in USA. Vous pouvez disperser des petites voitures américaines, des petites motos ou des petits personnages sur la table. Vous êtes sur la route 66 !

Tracez la route !

Découpez le gâteau pour former le camion selon le modèle ci-dessus.

Créez des assiettes gourmandes avec des éléments du camion et du décor.

- 1 gâteau au choix en forme de cake de 26 cm (recettes pp. 106 à 113)
- 1 gaufrette Résille d'Or
- 1 barquette Trois chatons, parfum au choix
- 1 cigarette russe
- 8 oursons gélifiés jaunes
- 2 bonbons fils verts
- 1 bonbon fil double vert
- 2 bonbons LifeSavers rouges
- Lettres en sucre Vahiné
- Bonbons poissons gélifiés
- Glaçage blanc (recette p. 117)

Matériel
- 2 piques alimentaires en bois
- 3 bougies très fines

Préparation : **40 min**

LE CHALUTIER

Préparez le bateau

● Pour former la coque, ôtez la partie supérieure du gâteau en veillant à ce que l'avant soit légèrement plus épais que le reste. Taillez en pointe, légèrement arrondie, l'avant du bateau.

● Avec les chutes, formez la cabine à l'avant du bateau :
coupez 2 cubes, l'un plus petit que l'autre et posez-les l'un au-dessus l'autre. Fixez avec du glaçage blanc. À l'aide d'un couteau pointu, coupez soigneusement trois fois 2 carrés dans la gaufrette Résille d'Or et évidez-les pour figurer des fenêtres. Appliquez-les de part et d'autre de la cabine en les fixant avec du glaçage blanc. Au sommet de la cabine, collez verticalement 1/2 cigarette russe pour figurer la cheminée.

Finalisez le bateau

● Sur l'un des côtés du bateau, fixez avec du glaçage blanc les lettres en sucre Vahiné pour former le prénom de l'enfant.

● Collez tout autour de la coque 1 bonbon fil double vert afin de figurer la ligne de flottaison.

● Plantez les bougies en ligne au centre du gâteau, la première dans la cigarette russe, les 2 autres dans l'alignement, et reliez-les par des bonbons fils
verts en les nouant autour des mâts.

● Sur le pont du chalutier, disposez les oursons gélifiés (avec du glaçage blanc
si nécessaire) pour figurer les marins ainsi que le reste de bonbon fil vert pour
le filet de pêche.

● Fixez la barquette Trois chatons à l'arrière du bateau à l'aide des piques
alimentaires, plantées dans la coque en bois pour figurer la chaloupe.

● Collez les bonbons LifeSavers rouges de part et d'autre de la coque
du chalutier à l'aide de glaçage blanc, pour figurer 2 bouées.

● Pour parfaire le décor, répartissez autour du bateau
des bonbons poissons gélifiés.

Ou encore

Idée jeu. Pour parfaire ce goûter au parfum iodé, préparez une pêche à
la ligne : emballez des petits jouets, accrochez une boucle (en ruban ou en
ficelle) et éparpillez-les sur un morceau de tissu bleu ou dans une grande
bassine. Fabriquez des petites cannes à pêche et fixez un crochet métalli-
que à l'une des extrémités. Laissez « pêcher » les enfants à tour de rôle.
Goûter réussi !

Pour servir : choisissez une vaisselle qui évoque la mer, et servez à chaque enfant un morceau du chalutier avec un marin et quelques poissons.

La pêche sera bonne !

Prévoyez des petits cadeaux à emporter : répartissez la prise de la pêche entre les enfants en plaçant quelques poissons gélifiés de couleur (ou au chocolat) dans un filet (filet de mini-fromages vendus en supermarché, par exemple).

• 2 gâteaux au choix en forme de cake
de 26 cm (recettes pp. 106 à 113)
• 1 paquet de langues-de-chat
• 1 paquet de gaufrettes Paille d'Or
• 1 ou 2 gaufrettes Résille d'Or
• 1 cigarette russe
• 2 biscuits Mikado
• 5 biscuits Finger
• 1 paquet de bonbons LifeSavers
• 5 bonbons fil, goût cola
• 2 rouleaux de réglisse
• 2 bonbons anglais ronds (cœur réglisse)
• 1 ou 2 muffins nature

Pour 6 à 10 enfants

• 2 bonbons mimosa
• 2 mini-oursons gélifiés
• 1 bonbon réglisse long
fourré au sucre blanc
• 40 g de pâte d'amande rose
• Bonbons animaux
• Bonbons légumes
• Glaçage blanc (recette p. 117)

Matériel
• 2 pailles de couleur
• Piques alimentaires en bois

Préparation : 1 h

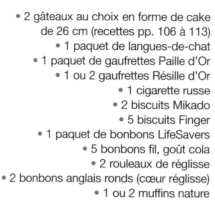

LA FERME D'ANTOINE

Préparez le corps central de la ferme

● Taillez les extrémités de chaque gâteau de manière à obtenir des angles droits.

● Dans le premier gâteau, coupez 1 tranche de 5 cm. Réservez. Taillez la partie supérieure du gâteau en pointe dans le sens de la longueur, pour former un toit à 2 pentes. Réservez les chutes. Coupez 1 cigarette russe en deux et plantez-la dans le toit pour faire la cheminée.

● Pour figurer les tuiles, collez sur la surface du toit, à l'aide de glaçage blanc, des moitiés de langues-de-chat, en commençant par le bas (voir p. 43). Terminez par 2 rangées de biscuits Finger.

● Coupez 1 gaufrette Résille d'Or en deux dans son épaisseur, puis coupez les carreaux par quatre ou à l'unité. À l'aide de glaçage blanc, collez-les sur les « murs » du corps central pour figurer les fenêtres et la porte.

Préparez la grange et le four à pain

● Pour la grange, taillez en pointe la partie supérieure du deuxième gâteau dans le sens de la longueur pour former un toit à deux pentes (ou la moitié du gâteau si vous souhaitez une grange plus petite, voir ci-contre).

● Couvrez la surface du toit de gaufrettes Paille d'Or coupées aux deux tiers. Maintenez à l'aide de glaçage blanc si nécessaire. Terminez par 1 biscuit Mikado coupé selon la longueur de la grange pour figurer le faîte du toit. Appliquez un tiers de gaufrette Paille d'Or sur la façade en guise de porte.

● Pour le four à pain, taillez en pointe la partie supérieure de la tranche réservée du premier gâteau, pour former un toit à 2 pentes comme précédemment. Creusez légèrement au centre d'un côté une encoche arrondie avant d'y introduire 1/2 langue-de-chat (la porte). Couvrez le toit de gaufrettes Paille d'Or.

Préparez le tracteur

● Dans une chute de gâteau, coupez un morceau de 4 x 4 cm et un autre de 2 x 4 cm et superposez-les, le plus petit par dessus (voir ci-contre).

● Collez 2 bonbons anglais ronds à l'avant et 2 rouleaux de réglisse à l'arrière de la cabine pour faire les roues. Piquez verticalement 1 biscuit Mikado à l'avant pour figurer l'échappement du tracteur.

● Collez 2 bonbons mimosa à l'avant pour faire les phares du tracteur. Placez 1 mini-ourson gélifié à l'avant du tracteur.

● Pour le rouleau, enfilez 6 bonbons LifeSavers ou 1 cigarette russe sur 1 paille pliée en trois. Réunissez les 2 extrémités de la paille dans le rouleau ainsi formé. Piquez-les dans l'arrière du tracteur.

Préparez la fosse à purin

● Taillez une bande de 1 cm de large dans toute la longueur d'une chute de gâteau. Coupez-la en trois parts égales puis l'une d'elle encore en deux. Disposez les morceaux pour former un bassin et placez au centre les bonbons fil au cola, emmêlés.

Plantez le décor

● Positionnez autour des bâtiments le tracteur, 1 mini-ourson gélifié pour le fermier, 1 morceau de bonbon réglisse long fourré au sucre blanc pour son seau de lait, des bonbons en forme de légumes et d'animaux et ajoutez 1 ou 2 muffins nature pour figurer des meules de paille.

Pour faire un cochon en pâte d'amande, formez 1 boule de pâte de 30 g environ. Formez autre boule plus petite pour faire le groin ; aplassez-la. Avec une pique alimentaire, faites trous pour figurer les narines, et collez-la sur la première boule. De la même manière, façonnez es yeux et le sourire. Pour les oreilles, modelez petits triangles en pâte d'amande et recourez-les pour que les oreilles aient l'air un peu ombant. Collez-les sur la tête. Faites des ieds avec des petites boules allongées et une ueue en tire-bouchon, et collez-les sur le orps du cochon.

Soignez les détails...

Prévoyez des petits cadeaux à emporter : vous pouvez offrir à haque enfant un assortiment de onbons animaux – cochon, vache, tc. – dans une petite boîte, ou quelues bonbons légumes dans un nini-seau en zinc...

t les invités

Pour 8 enfants

- 1 pâte sablée (recette p. 114) ou achetée toute prête
- 36 biscuits à la cuillère
- 200 g de noix de coco râpée + 100 g
- 200 g de poudre d'amande
- 300 g de sucre en poudre
- 5 cl de café décaféiné ou d'eau
- 1 ours guimauve au chocolat (ou plusieurs)
- Bonbons Karaneige
- Bonbons carrés blancs à la menthe
- 4 bonbons poissons gélifiés
- 4 bonbons baleines gélifiés
- 1 biscuit Mikado
- 1 bonbon fil bleu
- Glaçage blanc (recette p. 117)
- Sucre glace

Matériel
- 1 rond de carton Ø 20 cm
- 1 cul de poule Ø 20 cm
- 1 emporte-pièce en silhouette d'ours

*Préparation : **1 h 20***
*Repos au freezer : **4 h minimum***
*Cuisson : **10 min***

Le sirop

● Faites bouillir 25 cl d'eau avec 100 g de sucre en poudre. Imbibez-en très rapidement les biscuits à la cuillère. Tapissez un cul-de-poule (ou un saladier) avec les biscuits à la cuillère imbibés placés horizontalement côté plat contre la paroi, en partant du fond et en remontant le long des parois.

L'appareil

● Dans une terrine, mélangez la poudre d'amande, 200 g de noix de coco râpée, 200 g de sucre en poudre et le café décaféiné ou l'eau.

● Garnissez l'intérieur du cul-de-poule avec des couches alternées de cet appareil et de biscuits à la cuillère légèrement imbibés, en terminant par une couche de biscuits à la cuillère.

● Sur cette dernière couche de biscuits à la cuillère, placez une assiette d'un diamètre légèrement inférieur à celui du cul-de-poule et posez un poids par-dessus (1 boîte de conserve par exemple).

● Laissez reposer au freezer au minimum 4 h (ou préparez-le la veille).

● Démoulez sur un rond de carton de 20 cm de diamètre. Réservez au réfrigérateur.

La banquise et l'entrée de l'igloo

● Préchauffer le four à 180 °C (th. 6).

● Préparez une pâte sablée ou utilisez une pâte toute prête et étalez-la sur du papier sulfurisé en une couche de 5 mm d'épaisseur. Découpez ensuite les bords de manière irrégulière. Vers l'un des bords, découpez et ôtez un disque de pâte sablée à l'aide d'un emporte-pièce circulaire ou avec la pointe d'un couteau, pour figurer un trou pour la pêche (voir p. 45).

● Dans une chute de pâte sablée, découpez une bande de 3 x 8 cm pour façonner l'entrée de l'igloo. Posez la bande de pâte à cheval sur une forme arrondie allant au four (un ramequin par exemple).

● Dans une autre chute de pâte sablée, découpez à l'aide d'un emporte-pièce ou d'un couteau pointu la silhouette d'un ours polaire (voir ci-contre).

● Faites cuire le tout au four pendant environ 10 min. Laissez bien refroidir.

La mise en scène

● Posez l'igloo sur la banquise, en le laissant sur le rond de carton pour éviter qu'il ramollisse la pâte sablée. Taillez à la base de l'igloo deux fentes parallèles espacées de la largeur de la porte en pâte sablée et glissez-y celle-ci.

● Préparez un glaçage blanc. Recouvrez-en l'igloo, l'ours polaire ainsi que la banquise et laissez refroidir jusqu'à ce qu'il soit complètement dur.

● Posez verticalement l'ours polaire sur la banquise en l'appuyant contre des bonbons si besoin pour le maintenir.

● Saupoudrez l'igloo, la banquise et l'ours polaire de sucre glace et de noix de coco râpée pour figurer la neige.

● Coupez un morceau de biscuit Mikado d'environ 4 cm ; coupez un morceau de bonbon fil bleu d'environ 4 cm ; nouez-le au bout du morceau de biscuit Mikado, et plantez la canne à pêche ainsi constituée vers le bras de l'ours guimauve au chocolat.

● Disposez l'ours devant le trou de pêche, de sorte que le fil pende au-dessus. Déposez à ses pieds quelques bonbons poissons gélifiés bleus.

● Pour finir, dispersez sur la banquise des bonbons blancs à la menthe et des bonbons Karaneige pour figurer des amas de neige. Vous pouvez animer la scène avec quelques bonbons baleines gélifiés autour de la banquise.

Préparez avec votre enfant de jolies invitations personalisées sur le même thème : neige, igloo, eskimaux, ours polaire...

Brisez la glace !

Servir. Vous pouvez servir à chaque enfant une part accompagnée d'un verre de sirop de menthe glaciale ou de sirop d'orgeat.

Prévoyez des petits cadeaux à emporter. Pour chaque enfant, vous pouvez déposer dans un petit sac en mousseline fermé par un ruban des bonbons Karaneige, des bonbons blancs à la menthe et des poissons gélifiés.

Vous pouvez également préparer pour chaque enfant, un ours polaire en pâte sablée recouvert de glaçage blanc et saupoudré de sucre glace et de noix de coco râpée.

• 1 gâteau rond au choix
Ø 26 cm (recettes pp. 106 à 113)
• 1 sucette torsadée longue de 25 cm
• 1 boule coco
• 1 fraise Tagada
• 8 boules de gomme vertes
• 6 véhicules au choix
• 10 bonbons LifeSavers assortis
• 4 gaufrettes Paille d'Or
• 4 bonbons anglais ronds
(cœur réglisse)
• 1 Chamonix

• 2 capsules de poudre acidulé
de même couleu
• Barbe à pap
• Une dizaine d'oursons gélifié
• Quelques mini-oursons gélifié
• Glaçage blanc (recette p. 117

Matérie
• 1,20 m de papier aluminiun
• 8 brochettes en boi
• 6 piques alimentaires en boi

Préparation : 1 F

LE MANÈGE

Préparez la tente

● Pliez en quatre le papier aluminium pour former un carré de 30 x 30 cm assez rigide. Aplatissez bien l'ensemble. Pliez le carré en deux puis encore en deux. Pliez-le encore une fois en deux mais en diagonale.

● Arrondissez légèrement la base du triangle isocèle ainsi formé, puis faites-y des entailles de 1,5 cm à l'aide d'une paire de ciseaux, pour former des franges. Coupez l'extrémité de la pointe du triangle à 2 mm.

● Ouvrez le pliage et marquez les 8 plis dans le même sens. Positionnez dans le creux des plis les 8 brochettes en bois raccourcies à 14 cm de longueur. Piquez-les en légère oblique dans l'arrondi de la boule de coco, placée en dessous de la tente, pour les maintenir, comme les baleines d'un parapluie.

Montez le manège

● Placez le gâteau à l'envers. Au centre, creusez un trou du diamètre de la sucette et enduisez-le de glaçage blanc avant d'y planter la sucette torsadée, le bâton de bois dirigé vers le haut.

● Piquez délicatement sur le bâton de la sucette torsadée la boule coco avec la tente de façon à ce que le bâton dépasse légèrement. Maintenez l'ensemble en enfilant 1 fraise Tagada sur l'extrémité du bâton, au-dessus de la tente.

● Finissez la tente en enfilant 1 boule de gomme verte au bout de chacune des brochettes en bois qui la maintiennent.

● Fixez, au glaçage blanc, tout autour du gâteau et régulièrement, les bonbons LifeSavers ou une autre décoration de votre choix (bonbon ruban par exemple).

Les véhicules

● Préparez 6 véhicules et alignez-les sur le manège,
avec 1 ourson gélifié pour représenter le gérant au milieu du manège :

Le bateau : voir « La régate des ours », p. 88.

La voiture en chocolat (barre biscuitée au chocolat en forme de voiture de la marque Monoprix). Placez-y 1 mini-ourson gélifié.

La voiture : voir « Les autos tamponneuses », p. 68.

L'hélicoptère : voir « L'hélicoptère », p. 72.

Le tracteur : voir « La ferme d'Antoine», p. 40.

L'avion : voir « L'avion Victor Tango », p. 8.

Plantez le décor

● Les bancs : collez 1 bonbon anglais rond (cœur réglisse) à chaque extrémité de 1 gaufrette Paille d'Or avec du glaçage blanc. Sur la tranche de celle-ci, collez délicatement 1 seconde gaufrette Paille d'Or perpendiculairement à la première pour faire le dossier. Faites ainsi 2 bancs et posez-les de chaque côté du manège. Placez dessus des oursons et des mini-oursons gélifiés.

● Le stand de barbe à papa : sur la tranche plantez perpendiculairement au gâteau Chamonix 1 pique alimentaire, de manière à ce qu'elle dépasse des 2 côtés (voir ci-contre). À chaque extrémité, piquez 1 capsule de poudre acidulée pour faire les roues. Collez des petites boules de barbe à papa sur 3 piques alimentaires et plantez-les dans le gâteau. À l'avant du chariot, plantez 2 piques alimentaires pour faire les bras du chariot. Placez-le à côté du manège avec un ourson gélifié.

● Dispersez tout autour du manège des oursons et des mini-oursons gélifiés.

● Pour servir, partagez le gâteau et les véhicules entre les enfants et garnissez chaque assiette de bonbons et éléments du décor.

En voiture !

Prévoyez des petits cadeaux à emporter : préparez assez de véhicules pour en offrir 1 à chaque enfant, dans une petite boîte colorée.

Vous pouvez aussi offrir à chacun une petite boîte emplie de bonbons, de barbe à papa, etc.

S'il s'agit d'un anniversaire, choisissez des bougies très fines et hautes et piquez-en une au centre de chaque petit véhicule. Elles feront office de rampe qui font monter et descendre les véhicules et seront sans danger pour le papier aluminium de la tente, à condition de laisser 5 cm entre la flamme et la tente.

- 1 gâteau carré au choix de 20 x 20 c
  (recettes pp. 106 à 11
- 4 muffins au chocolat achetés chez le boulang
- 4 biscuits langues-de-ch
- 20 oursons en réglisse de tailles différent
- 3 boules de chewing-gum de couleurs différent
- 10 biscuits Mikado au chocolat n
- 2 bonbons réglisse longs fourrés au sucr
- 4 sarments du médo
- Glaçage blanc (recette p. 11

Matéri
- Piques alimentaire

Préparation : 30 mi

Le village pygmée

Confectionnez les cases

- À l'aide d'un couteau pointu ou d'une cuillère parisienne, creusez délicatement une bande verticale de la largeur d'une langue-de-chat dans la moitié inférieure de chaque muffin.

- Coupez une des extrémités arrondies de chaque langue-de-chat et posez les biscuits, la partie tranchée vers le bas, dans les creux formés dans les muffins, pour figurer l'entrée des cases (voir p. 55).
Si besoin, vous pouvez utiliser du glaçage blanc pour les fixer.

Installez le village

● Disposez les muffins au chocolat sur le gâteau carré, lui-même posé dans un plat, sur un plateau ou une planche en bois.

● Coupez les biscuits Mikado en morceaux de 3 à 5 cm et piquez-les verticalement dans la pâte à gâteau autour des cases.

● Répartissez les oursons en réglisse autour des cases, par petits groupes ou isolés.

● Cassez les sarments du Médoc en petits morceaux pour en faire des petits tas de bois.

● Coupez les boules de chewing-gum en deux et répartissez-les devant les cases pour figurer les calebasses.

● Coupez les bonbons réglisse longs fourrés au sucre en deux, posez-les sur leur tranche et plantez au centre de chacun d'eux des morceaux de piques alimentaires pour figurer le pilage du mil.

Pour servir : dans l'assiette de chaque enfant, disposez une case avec quelques boules de chewing-gum ainsi que des oursons en réglisse et des bonbons réglisse longs fourrés au sucre.

Grignotez l'Afrique

Prévoyez des petits cadeaux à emporter : disposez quelques oursons en réglisse et des bonbons réglisse longs fourrés au sucre dans une petite boîte en carton. Placez le tout dans un petit sachet transparent fermé par un nœud en raphia. Vous pouvez également les présenter dans une aumônière en raphia, en toile de jute ou en wax (tissu africain) fermée par un nœud en raphia.

Pour 8 enfant

• 1 gâteau au choix en forme de savar
Ø 26 cm (recettes pp. 106 à 11
• 2 boîtes de barbe à papa ros
(en vente dans les grandes surface
• 2 éclairs à la framboise acheté
chez le pâtissi
• 2 bonbons rubans rouge

*Préparation : **45 mi***

Les chaussons de danse de Rosie

Préparez les chaussons de danse

● Enlevez les deux tiers de la surface glacée de chaque éclair en arrondissant les extrémités de l'entaille. Enlevez la pâte ainsi découpée et lissez soigneusement la crème sur toute sa surface, à l'intérieur de l'éclair à l'aide d'une petite cuillère.

● Coupez en deux dans le sens de la longueur chaque bonbon ruban pour faire les rubans des chaussons.

Préparez le tutu

● Couvrez généreusement de barbe à papa le gâteau en forme de savarin, pour obtenir un cercle vaporeux.

● Placez les 2 chaussons au centre en disposant sur chacun d'eux les 2 bonbons rubans croisés.

● Pour servir, découpez une part du gâteau au chocolat par assiette, un morceau de chausson et un peu de barbe à papa.

Ou encore

Vous pouvez également réaliser des mini-chaussons de danse avec des mini-éclairs, en procédant de la même façon mais en remplaçant le bonbon ruban par du ruban fil (voir ci-contre).

Entrez dans la danse !

Idée déco : pour animer la présentation, vous pouvez disposer des « petits rats » autour du gâteau : faites une fente au centre de petites caissettes blanches, roses ou décorées, retournez-les et glissez-y des oursons gélifiés à mi-hauteur.

Prévoyez des petits cadeaux à emporter : dans un disque de tulle blanc ou rose, déposez quelques bonbons petites souris gélifiés de couleurs différentes (les « petits rats » de l'opéra !). Fermez en nouant avec un ruban.

• 1 génoise épaisse au thé match
de 30 x 40 cm (recette p. 10§
• 15 bonbons fi'
• 10 bonbons ruban
• 40 Dragibu
• Bonbons « HariChristmas » Haribo gélifié
• 1 bonbon étoile filante gélifi
• Marshmallow
• 1 sachet de levure chimiqu
• Glaçage blanc (recette p. 117

Matérie
• Piques alimentaires en bo

Préparation : **1 I**
Cuisson : **20 à 25 mi**

LE SAPIN DE NOËL

Préparez le sapin

● Préchauffez le four à 200°C (th. 6-7).

● Préparez la pâte à génoise au thé matcha, en suivant les proportions
de la recette donnée p. 109 et en ajoutant 1 sachet de levure chimique.

● Versez cette pâte dans un moule rectangulaire de 30 x 40 cm. Faites cuire
au four pendant 20 à 25 min. Démoulez la génoise encore chaude sur une grille.
Laissez bien refroidir.

● Taillez le sapin dans la génoise comme indiqué sur la photo p. 63. Il doit être
large de 4 cm au sommet et de toute la largeur du moule à manqué
à la base.

● Réservez les chutes.

● Redressez délicatement ce sapin sur le plateau de service.

● Adossez au centre de chaque face 1 moitié de sapin constituée
par les chutes du découpage en la maintenant avec des piques alimentaires
ou du glaçage blanc.

Décorez le sapin

● Fixez au sommet 1 bonbon étoile filante gélifié et ajoutez des bonbons fils,
des Dragibus et des bonbons « HariChristmas » en les fixant avec du
glaçage blanc ou des piques alimentaires. Pour faire des guirlandes à franges,
entaillez les bonbons rubans sur 2 mm, à intervalles réguliers,
sur toute la longueur du ruban et des 2 côtés. Accrochez-les au sapin en les
vrillant légèrement (voir ci-contre).

● Ajoutez au pied du sapin des petits cadeaux réalisés à partir
de marshmallows : coupez 1 bonbon ruban en deux. Enroulez la première
moitié autour du marshmallow et fixez-la avec du glaçage blanc.
Recommencez avec la seconde moitié, perpendiculairement à la première.
Enroulez tout autour un bonbon fil d'une couleur différente, en le croisant
comme un ruban, et nouez-le sur le dessus du paquet (voir ci-contre).

● Pour servir, découpez un morceau du gâteau pour chaque enfant
et agrémentez chaque assiette de guirlandes en bonbon
et des petits cadeaux.

Ou encore

Variante. Préparez ce sapin à partir d'un gâteau au chocolat (recette
p. 113) en le recouvrant de sucre glace au sommet pour l'enneiger.

Idée déco : variez les plaisirs en imaginant d'autres petits cadeaux à manger. Vous pouvez par exemple confectionner de petits paquets à partir de mini-gaufrettes : il faut 3 gaufrettes par cadeau, que l'on sépare en deux en enlevant la crème (ou 6 gaufrettes entières). Raccourcissez 2 gaufrettes et collez l'ensemble à l'aide de glaçage blanc.

Savourez Noël !

Prévoyez des petits cadeaux à emporter : gardez pour chaque enfant quelques cadeaux en bonbon ou en gaufrette, en y glissant un papier avec son nom, pour qu'il puisse l'emporter après la fête.

• 1 gâteau au choix en forme de cake
de 26 cm (recettes pp. 106 à 113)
• 6 gaufrettes Résille d'Or
• 6 biscuits Mikado
• 1 crêpe bretonne (achetée toute faite)
• 3 mini-oursons en réglisse
• 4 mini-oursons gélifiés jaunes, orange et verts
• 1 ourson gélifié rouge
• 1 bonbon Schtroumpf gélifié
• 6 bonbons réglisse longs fourrés au sucre
• 3 rouleaux de réglisse
• Glaçage blanc (recette p. 117)

Matériel
• 1 pique alimentaire en bois
• 3 grandes bougies

Préparation : 1 h

BEN LE PIRATE

Préparez le navire

• Sur le dessus du gâteau, à l'une des extrémités, retirez un rectangle d'environ
3 cm de large sur 2 cm de haut (voir ci-contre). Taillez l'autre extrémité
en pointe et arrondisssez ce qui sera l'avant du galion en partant de la base
du gâteau. Retournez le gâteau sur un plateau, un grand plat, une planche
en bois ou encore une feuille de papier, en fonction de l'ambiance
que vous souhaitez donner au goûter.

• Évidez délicatement chaque petit carré de 4 gaufrettes Résille d'Or
avec la pointe d'un couteau pour en faire des petites fenêtres. Coupez
2 de ces gauffrettes Résille d'Or pour ne garder que 4 rangées de 4 carrés.

Le chef des pirates

● Coupez un petit morceau de rouleau de réglisse et collez-le à l'aide de glaçage blanc sur l'œil de l'ourson gélifié rouge en guise de bandeau.

● Coupez délicatement 1 gaufrette aux deux tiers dans le sens de sa longueur.

● Construisez la cabine du chef : découpez 1 gaufrette Résille d'Or aux deux tiers et collez la plus grande partie avec du glaçage blanc à l'arrière de la coque. Sur le dessus du gâteau, disposez 2 gaufrettes Résille d'Or évidées de manière à former 2 parois, puis 1 gaufrette Résille d'Or pleine par-dessus en guise de toit. Pour figurer les balustrades, posez de part et d'autre 1 rangée de gaufrettes évidées réservées (voir ci-contre). Placez le chef des pirates derrière l'une de ces balustrades. Vous pouvez découper un petit morceau non chocolaté de biscuit Mikado et le coller devant lui pour figurer une longue vue.

Terminez le navire

● À l'avant du navire, terminez le bastingage an posant en « V » 2 autres rangées de gaufrettes évidées réservées.

● Coupez la partie non chocolatée des biscuits Mikado et plantez-les verticalement, de chaque côté du bateau, en y intercalant les bonbons réglisse longs fourrés au sucre pour figurer les canons.

● Sur le pont du navire, collez avec du glaçage blanc les mini-oursons gélifiés de couleur et placez les rouleaux de réglisse pour figurer les cordages.

● Plantez 1 biscuit Mikado incliné à l'avant du navire et 1 bonbon Schtroumpf gélifié en figure de proue à l'aide d'une pique alimentaire.

● Taillez des voiles latines (rectangulaires) dans la crêpe bretonne et fixez-les sur les bougies. Pour cela, faites 2 entailles au centre de chaque voile, en haut et en bas, et glissez-y la bougie, de manière à ce qu'elle dépasse de quelques centimètres au-dessus de la voile. Plantez ensuite les bougies dans le gâteau puis allumez-les au dernier moment.

● Pour servir, découpez un morceau du galion et agrémentez l'assiette de chaque enfant par des éléments du décor.

Prévoyez des petits cadeaux à emporter : pour chaque enfant, préparez un petit trésor à emporter, en enfermant dans une petite bourse en tissu quelques bonbons durs de couleur, préalablement brisés, comme des pierres précieuses.

Vous pouvez aussi leur offrir un butin sous forme de bonbons poissons gélifiés embrochés sur des piques en forme d'épée.

À l'abordage des bonbons !

Pour la piste

- 2 génoises natures plates et minces de 30 x 40 cm (recette p. 106)
- 20 g de beurre pour le moule
- 2 cuil. à soupe de farine pour le moule
- 8 bonbons rubans ou 1 ruban en tissu
- 1 glaçage au chocolat (recette p. 117)
- 1/2 pot de marmelade d'oranges

Pour les autos tamponneuses

- 6 Chamonix
- 15 mini-oursons gélifiés
- 8 oursons gélifiés
- 2 rouleaux de réglisse
- 6 Smarties
- 12 bonbons cailloux jaunes
- 1 glaçage blanc (recette p. 117)

Matériel

- 6 bougies fines

*Préparation : **1 h 20***

Les autos tamponneuses

Préparez les autos tamponneuses

- Déroulez les rouleaux de réglisse et coupez-les en morceaux de 15 cm de long. Pour former les pare-chocs, collez-les horizontalement à la base de chaque Chamonix avec du glaçage blanc.

- Au tiers de la partie supérieure de chaque Chamonix, creusez délicatement, à l'aide d'un couteau pointu, un espace de la dimension suffisante pour y faire tenir 1 ourson gélifié (voir p. 71).

- Face à l'ourson, creusez une petite fente de 5 mm pour y glisser 1 bonbon Smarties qui formera le volant.

- Percez 2 trous à l'avant de chaque auto tamponneuse à l'aide d'une pique ou d'une aiguille à tricoter afin de ne pas en abîmer la surface. Plantez-y 2 bonbons cailloux jaunes pour y figurer les phares.

Réalisez la piste

- Déposez la première génoise sur un grand plateau, une planche en bois ou directement sur la table du goûter.

- Préparez un glaçage au chocolat et couvrez-en la première génoise sur toute sa surface.

● Dans la seconde génoise, découpez un cadre de 2,5 cm de largeur et ôtez le centre, réservez-le. Déposez soigneusement le cadre sur la première génoise recouverte de glaçage au chocolat.

● Appliquez un ruban en tissu ou des bonbons rubans sur tout le cadre extérieur de la piste des autos tamponneuses, afin de camoufler le montage des génoises. Couvrez de marmelade d'oranges la surface de ce trottoir, c'est-à-dire le cadre créé à partir du second biscuit.

● Disposez les autos tamponneuses sur la piste en chocolat, certaines bien rangées au bord de la piste, d'autres en pleine action.

● Placez sur le trottoir, tout autour de la piste, des familles d'oursons gélifiés, petits et grands.

Ou encore

Utilisez le carré de génoise réservé. Recouvrez-le d'un glaçage au chocolat, découpez-le en petites parts et servez-les à part.

Les bougies. Vous pouvez également utiliser de très fines bougies pour figurer les rampes électriques des autos tamponneuses.

Le glaçage chocolat. Vous pouvez l'acheter tout prêt en pot dans les boutiques spécialisées (voir adresses p. 126)

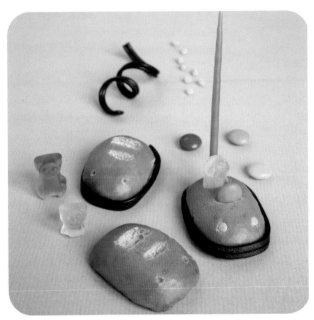

Jouez
la couleur !

Pour servir. Lorsque vous découperez le gâteau en parts, n'oubliez pas de donner à chaque enfant une partie de la piste et une auto tamponneuse, ainsi que quelques oursons spectateurs.

Prévoyez des petits cadeaux à emporter. Des Smarties et des oursons gélifiés dans des jolis sachets transparents en cellophane feront la joie des petits et des grands.

- 2 éclairs parfum au choi
- 16 biscuits Finger (ou 12 biscuits Finge
  et 4 cigarettes russes
- 9 gaufrettes Paille d'C
- 4 fraises Tagad.
- 1 bonbon réglisse long fourré au sucr
- 4 biscuits Mikad
- Glaçage blanc (voir p. 117

Matérie
- 5 piques alimentaires en boi
- 1 paille pliable blanche et roug

*Préparation : **30 mi***

L'HÉLICOPTÈRE

Préparez la queue des hélicoptères

● Coupez environ 2 cm à la pointe de chaque biscuit Mikado côté chocolat et fixez-les vers l'extrémité de 4 biscuits Finger à l'aide de glaçage blanc.

● Coupez 1 gaufrette Paille d'Or en quatre. Faites un trou au centre de chaque morceau et glissez-les au bout des biscuits Mikado fixés sur les biscuits Finger. Utilisez du glaçage blanc si nécessaire.

● Coupez les éclairs en deux pour former les cabines.

● Introduisez chaque biscuit Finger dans la partie tranchée de chaque demi-éclair.

Préparez les patins d'atterrissage

● Coupez 4 biscuits Finger en deux et ôtez les parties arrondies. Pour chaque hélicoptère, placez 2 demi-biscuits Finger entre 2 biscuits Finger entiers à la manière des barreaux d'une échelle (voir p. 75). Fixez le tout avec du glaçage blanc.

● Placez la cabine de l'hélicoptère sur les patins ainsi formés. Fixez éventuellement avec du glaçage blanc.

● Coupez 4 rondelles de 5 mm dans le bonbon réglisse long fourré au sucre pour faire les roues arrière. Glissez 1 petite roue sous l'arrière de chaque queue.

Confectionnez les hélices

● À l'aide d'un couteau pointu, réduisez aux 3/5 la largeur de 16 gaufrettes Paille d'Or. Taillez chacune d'elle de manière à obtenir une extrémité légèrement arrondie et l'autre extrémité en pointe. Pour chaque hélicoptère, introduisez 1/2 pique alimentaire au bout de chaque pointe de 4 gaufrettes. Piquez-les en croix. Maintenez le tout en piquant 1 fraise Tagada au centre de la croix. Renouvelez l'opération pour chaque hélicoptère.

Le décor

● Vous pouvez réaliser une manche à air à partir de 2 bonbons Karaneige, 1 fraise Tagada dont vous ôterez la partie arrondie, et 1 fraise Tagada entière. Procédez de la manière suivante : sur 1 pique alimentaire, alternez les bonbons rouges et les bonbons blancs en terminant par la fraise Tagada entière. Glissez l'ensemble dans la paille pliable. Plantez la manche à air dans un socle approprié (verre, biscuit, meringue...)

● Vous pouvez aussi répartir autour des hélicoptères des petites guimauves blanches en guise de nuages.

● Servez 1 hélicoptère par enfant agrémenté d'éléments du décor.

Ou encore ....

Vous pouvez remplacer les biscuits Finger par des cigarettes russes pour faire la queue des hélicoptères.

Il est possible de réaliser des mini-hélicoptères à partir de mini-éclairs coupés en deux. Utilisez alors 1/2 biscuit Finger pour faire la queue, et des biscuits Mikado pour les patins d'atterrissage. Il faut 2 gaufrettes Paille d'Or pour les hélices : taillez les 4 extrémités pour qu'elles soient arrondies et disposez les 2 gaufrettes en croix au-dessus de la cabine. Fixez-les avec 1 pique alimentaire et terminez par 1 rondelle taillée dans 1 bonbon réglisse long fourré au sucre (voir ci-contre).

Prévoyez des petits cadeaux à emporter : vous pouvez offrir à chaque enfant un mini-hélicoptère à emporter. Utilisez la partie en bois d'une boîte à camembert : retournez-la et dessinez un « H » au milieu pour figurer une piste d'atterrissage. L'enfant pourra ensuite emporter son mini-hélicoptère dans la boîte enveloppée dans un sac en cellophane noué par un ruban.

Créez une ambiance en bleu et blanc

Bon à savoir : prévoyez davantage de gaufrettes... Elles se cassent très facilement et vous aurez sans doute besoin de vous entraîner un peu avant d'obtenir le résultat espéré !

Pour 10 à 12 enfant

- 1 gâteau carré au choix de 20 x 20 c
  (recettes pp. 106 à 11
- 1 gâteau ovale au choix de 24 x 36 c
  (recettes pp. 106 à 11
- 3 sucettes Chupa Chup
- 3 biscuits rectangulaires aux amande
- Chiffres en sucre Vahin
- 1 fraise Tagad
- 40 pièces en chocolat de 4 diamètres différen
- Glaçage blanc (recette p. 11

Pour le déco

- Bonbons fruits et légume
- Fraises Tagad

Matéri

- 6 brochettes en bo
- 1 paille de coule

Préparation : 1

LA CAISSE ENREGISTREUSE

● Égalisez si nécessaire la partie supérieure du gâteau ovale pour obtenir une surface plane. Coupez le gâteau ovale en 4 parts égales. Placez celles-ci, l'une contre l'autre, toutes dans le même sens, la partie arrondie devant et la partie plate derrière, et fixez-les l'une à l'autre à l'aide de glaçage blanc, de crème ou de confiture.

● Posez l'ensemble debout sur le petit côté de 12 cm, à 1 cm du bord du gâteau carré qui constituera la base de la caisse enregistreuse. Il doit rester environ 2 cm de chaque côté.

● Glissez 1 sucette Chupa Chups entre chacun des quarts, à des hauteurs différentes.

● Collez les chiffres en sucre Vahiné sur les biscuits rectangulaires aux amandes à l'aide de glaçage blanc (voir p. 79). Piquez les biscuits au sommet de la caisse, dans l'alignement des 3 sucettes.

● Pliez la paille en « Z », en 3 parties de 5 cm de long. Fixez la fraise Tagada à l'une des extrémités.

● Au centre de la tranche de droite du gâteau ovale, au tiers de sa hauteur, fixez la paille, en guise de manivelle (voir p. 77).

● Dans la partie restée libre du gâteau carré, qui constitue le tiroir de la caisse enregistreuse, creusez avec une cuillère parisienne 4 encoches parallèles de 5 cm de long et des largeurs respectives des pièces en chocolat.

● Placez les pièces en chocolat dans leurs cases.

Ou encore

N'hésitez pas à intercaler entre les gâteaux une couche de crème pâtissière, de chocolat fondu ou de confiture.

révoyez des petits cadeaux à empor-
r : dans un mini-panier, ou un mini-sac
provisions, disposez quelques bon-
ns fruits et légumes. Pour personnali-
r le cadeau, vous pouvez accrocher à
anse du panier un papier de couleur
vec le prénom de l'enfant.

Achetez
gourmand !

Pour servir : servez à chaque enfant une
part de la caisse avec des pièces en chocolat, 1 biscuit aux amandes décoré de chiffres
en sucre Vahiné (pensez à en préparer en
fonction du nombre d'enfants) et quelques
bonbons fruits et légumes, œufs au plat gélifiés, etc.

Pour 8 enfan

• 1 gâteau au chocolat en forme de sava
Ø 26 cm (recette p. 11

• 1 boîte de sarments du Méd

• 20 marshmallows blan

• Œufs en chocolat (à volont

*Préparation : **20 m***

LE NID
DE PÂQUES

● Déposez le gâteau dans le plat de service.

● Piquez dans le gâteau les sarments du Médoc, en les croisant irrégulièrement.

● Déposez au centre de la couronne les marshmallows blancs coupés
en lamelles irrégulières pour figurer le duvet.

● Déposez les œufs en chocolat au centre du nid.

Ou encore

Nid aérien. Garnissez le nid de barbe à papa pour un effet plus aérien.

Laissez éclore vos idées...

Pour servir : dans chaque assiette, disposez une part de gâteau au chocolat avec les sarments du Médoc, entourée de lamelles de marshmallow ou de barbe à papa et d'œufs en chocolat.

Prévoyez des petits cadeaux à emporter : dans une boîte à œufs, remplissez les cases avec des lamelles de marshmallow ou de la barbe à papa, quelques œufs en chocolat et complétez selon votre imagination !

- Pâte à choux (recette p. 11‹
- 120 cl de crème pâtissière au chocolat (recette p. 11‹
- Glaçage au chocolat (recette p. 11‹
- 4 bonbons fi‹
- 1/2 gaufrette Résille d'C
- 4 boules de gomme verte‹
- 4 Dragibu‹
- 1 capsule de poudre acidulé‹
- Glaçage blanc (recette p. 11‹

Préparation : 1 ‹
Cuisson : 25 à 35 mi‹

Le violon de Charles

- Préparez un « patron » en dessinant le contour du violon sur une feuille de papier sulfurisé. Pour cela, aidez-vous du modèle (p. 86) et agrandissez-le de façon à ce que le violon fasse environ 40 cm de long.

- Préparez la pâte à choux.

- Préparez la crème pâtissière au chocolat, laissez-la bien refroidir.

- Préchauffez le four à 200 °C (th. 6-7).

- Beurrez légèrement la plaque du four. À l'aide d'une poche à douille, étalez la pâte dessus en suivant le modèle sur le papier sulfurisé.

- Faites cuire environ 10 min à 200 °C (th. 6-7). Dès que la pâte à choux est gonflée, baissez la température à 180 °C (th. 6) et entrouvrez légèrement la porte du four (1 cm environ) pour laisser la vapeur s'échapper et avoir un chou croustillant. Laissez cuire encore 15 à 25 min.

- Posez sur une grille et laissez complètement refroidir.

- Ouvrez délicatement le gâteau en deux. Étalez soigneusement la crème pâtissière au chocolat sur la partie inférieure, puis rabattez dessus l'autre partie sans la casser.

- Préparez le glaçage au chocolat et étalez-le soigneusement sur le gâteau.

Montez les cordes

- Pour faire le chevalet, évidez les carrés de la demi-gaufrette Résille d'Or à l'aide d'un couteau pointu. Faites une entaille de la largeur de la gaufrette au centre de la partie la plus fine du corps du violon pour y introduire verticalement le biscuit, la partie tranchée vers le haut (voir p. 85).

- À l'extrémité du manche, collez perpendiculairement les 4 boules de gomme vertes à l'aide de glaçage blanc. Collez 1 bonbon fil sur chacun d'eux. Tendez les 4 fils jusqu'au chevalet et passez-les chacun dans un creux de la gaufrette Résille d'Or. Au bout de chaque corde, placez 1 Dragibus.

- Séparez les 2 parties de la capsule de poudre acidulée. Coupez une des moitiés dans une forme légèrement ovale et posez-la sur sa partie bombée, dans un des arrondis du violon, pour figurer la mentonnière.

- Pour servir, découpez un morceau de violon pour chaque convive et agrémentez les assiettes de bonbons ayant servi au décor.

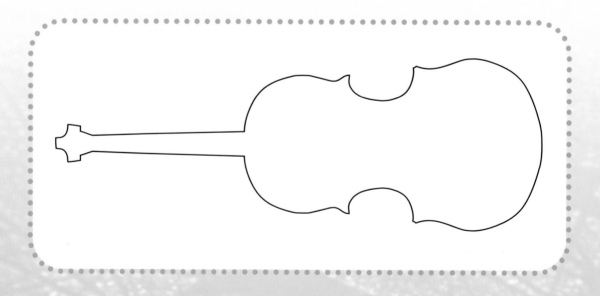

Accordez les saveurs !

Prévoyez des petits cadeaux à emporter : pour que chaque enfant puisse emporter son violon, vous pouvez préparer des mini-violons : préparez 1 pâte sablée (recette p. 114), étalez-la en une couche de 4 mm d'épaisseur et découpez, avec la pointe d'un couteau, 8 petits violons (reprenez le « patron »). Déposez-les sur du papier sulfurisé et enfournez pour 10 min. Laissez bien refroidir.

Coupez 8 morceaux de rouleaux de réglisse d'environ 7 cm et 8 autres de 0,5 cm. Disposez-les sur les violons de manière à figurer les cordes. Fixez si besoin avec du glaçage blanc.

Pour les archets, découpez 8 morceaux de rouleau de réglisse de la taille de la partie chocolatée d'un biscuit Mikado. Taillez une fente à quelques millimètres de chaque extrémité, de manière à pouvoir y passer 1 biscuit Mikado. Tendez bien le morceau de réglisse sur le Mikado pour figurer la mèche de crin.

Placez le tout dans une petite boîte pouvant figurer l'étui du violon.

Pour 4 enfants

• 50 cl de crème anglaise (recette p. 115
ou achetée toute prête

• 4 cuil. à soupe de curaçao bleu ou quelques
gouttes de colorant alimentaire bleu

• 1 crêpe bretonne achetée toute faite

• 4 barquettes Trois chatons, parfum au choix

• 4 mini-oursons gélifiés jaunes

• 4 biscuits Mikado

• Glaçage blanc (recette p. 117)

Matériel

• Papier sulfurisé ou 1 sac de congélation

*Préparation : **15 min***

LA RÉGATE DES OURS

Préparez la mer

● Préparez 50 cl de crème anglaise.

● Incorporez le curaçao bleu ou le colorant bleu dans la crème anglaise jusqu'à obtention d'une jolie teinte turquoise.

Préparez les embarcations

● Dans la crêpe bretonne, découpez 4 petites voiles triangulaires d'environ 8 cm de haut.

● À l'aide d'une poche à douille, inscrivez les numéros sur les voiles avec du glaçage blanc.

● Pour avoir une douille très fine, fabriquez la poche à douille :

    ● Avec du papier sulfurisé : découpez dans une feuille de papier sulfurisé un triangle de 20 cm de hauteur. Roulez-le en cornet. Remplissez la poche au tiers de glaçage blanc et fermez-la. Coupez la pointe à 0,5 mm du bout (voir p. 91).

    ● Avec un sac de congélation : remplissez le sac au tiers de glaçage blanc et maintenez-le bien fermé. Avec une aiguille, faites un petit trou dans l'un des coins (voir p. 91).

● Raccourcissez les biscuits Mikado pour garder 8 cm de la partie chocolatée, et piquez une voile sur chaque morceau. Plantez 1 voile à l'avant de chaque barquette dans la partie gâteau et posez 1 mini-ourson gélifié jaune au centre de la zone recouverte de confiture, si besoin avec du glaçage blanc.

● Versez la crème anglaise dans un saladier transparent ou dans un grand plat creux, puis posez délicatement dessus les barquettes avec leur équipage à bord.

● Servez immédiatement pour éviter que les barquettes ramollissent.

Ou encore

Les mâts. Vous pouvez aussi utiliser des piques alimentaires en bois en guise de mât. Nous préférons utiliser des biscuits Mikado, afin d'éviter tout accident avec les piques.

Une idée. Préparez davantage de voiliers et réservez-les pour les servir au dernier moment. Vos enfants rafoleront de ces bouchées nautiques et en redemanderont !

À vos marques, prêts, mangez !

Pour servir : reproduisez une étape de la course pour chaque enfant en versant dans un bol un peu de crème anglaise turquoise et en y posant 1 voilier.

Prévoyez des petits cadeaux à emporter : réservez à chaque enfant son embarcation, déposée dans une caissette.

Pour 8 enfants

• 2 gâteaux au choix en forme de savarin
Ø 26 cm (recettes pp. 106 à 113)
• 1 paquet de fraises Tagada
• 32 Smarties rouges, verts, bleus
• 100 g de dragées chocolat or
• Glaçage blanc (recette p. 117)

*Préparation : **45 min***

La couronne de Marie

Formez la couronne

● Posez le premier gâteau sur le plat de service.

● Coupez le second gâteau diamétralement en deux. À l'aide
d'une cuillère parisienne, creusez légèrement chaque extrémité
de l'une des moitiés pour pouvoir la poser en arc par dessus la première
couronne (voir p. 95).

● Enlevez une part de 5 cm environ au milieu de l'autre moitié.
Creusez légèrement à la cuillère parisienne les extrémités de chaque
partie ainsi obtenues et positionnez les 2 morceaux de part et d'autre
de l'arc précédent, comme si les deux arcs se croisaient.
Vous pouvez consolider la construction en ajoutant un peu de glaçage blanc
en guise de colle.

Décorez la couronne

● Sur le gâteau de base, alternez fraises Tagada et dragées chocolat or tout autour du cercle, en fixant les premières avec du glaçage blanc et en plantant les secondes directement dans le biscuit, par la pointe.

● Sur chaque arc chapeautant la couronne, collez avec du glaçage blanc des Smarties rouges, verts et bleus en alternant les couleurs.

● Collez 2 fraises Tagada l'une contre l'autre avec du glaçage blanc et plantez-les à l'aide d'une pique alimentaire au sommet de la couronne.

● Pour servir, découpez un morceau de la couronne et agrémentez chaque assiette de joyaux en bonbons !

Ou encore

Laissez éclater votre créativité ! Avec tous les bonbons disponibles sur le marché, vous pouvez inventer vos propres compositions et décorer ainsi cette couronne au gré de vos envies !

Pour servir. N'hésitez pas à servir ce goûter avec une crème pâtissière, une crème à la pistache ou une glace.

ée déco : jouez sur la brillance et les couleurs.
ans de petites caissettes dorées, vous pouvez
isposer un trésor de bonbons colorés : berlin-
ots, Dragibus, Smarties, etc.

Croquez de l'or !

Prévoyez des petits cadeaux à emporter.
Transformez de petites boîtes en cartons en
véritables écrins en les garnissant de barbe
à papa sur laquelle vous pouvez déposer un
bijou en bonbon : collier, bague, etc.
Pour la bague : sur un bonbon en forme
d'anneau collez à l'aide de glaçage
blanc une Toupie tricolore, la partie
plate vers le haut.

LES CHIFFRES : ◆

Pour célébrer les ans qui passent, avec légèreté et plaisir, rien de tel qu'un dessert qui donne envie d'être déjà à l'année suivante...

Vous trouverez dans ces pages, une multitude d'idées incroyables et délicieuses pour créer vos propres compositions. Commencez par préparer un gâteau (ou plusieurs) puis donnez-lui la forme du chiffre choisi. Ensuite, amusez-vous à le décorer avec nos astuces déco (voir p. 118 à 123).

Fêtez vos proches de 1 à 120 ans !

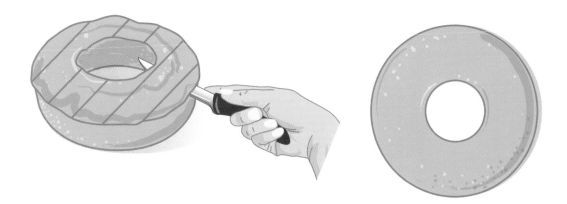

Pour faire un 0, préparez 1 gâteau au choix cuit dans un moule à savarin (voir recettes pp. 106 à 113). Laissez bien refroidir sur une grille avant de le décorer de friandises ou de glaçage. Vous pouvez découper la partie supérieure du gâteau qui est bombée afin d'obtenir une surface parfaitement plane, plus facile à travailler.

Pour faire un 1, préparez 2 gâteaux au choix cuits dans deux moules à cake (voir recettes pp. 106 à 113). Laissez bien refroidir sur une grille puis découpez les gâteaux selon le schéma ci-dessus. Collez les gâteaux avec du glaçage blanc si nécessaire. Vous pouvez découper la partie supérieure du gâteau qui est bombée afin d'obtenir une surface par-faitement plane, plus facile à travailler. Décorez-les avec des friandises ou du glaçage.

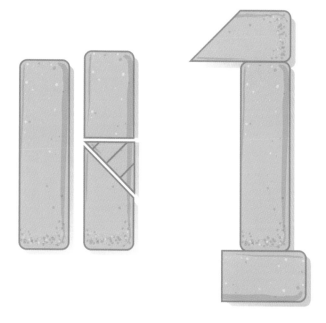

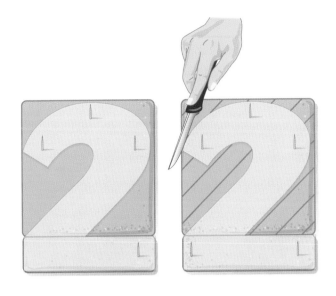

Pour faire un 2, préparez 2 gâteaux au choix : 1 gâteau cuit dans un moule carré et 1 autre cuit dans un moule à cake (voir recettes pp. 106 à 113). Laissez bien refroidir sur une grille puis découpez les gâteaux selon le schéma ci-dessus (vous pouvez vous aider d'un patron découpé dans du papier sulfurisé que vous aurez piqué sur le gâteau afin de le maintenir pendant la découpe). Vous pouvez découper la partie supérieure du gâteau qui est bombée afin d'obtenir une surface parfaitement plane, plus facile à travailler. Décorez-le avec des friandises ou du glaçage.

Vous pouvez utiliser les chutes de gâteaux pour fabriquer des éléments de décor (voitures...).

Pour faire un 3, préparez 2 gâteaux au choix cuits dans deux moules à savarin (voir recettes pp. 106 à 113). Laissez bien refroidir sur une grille puis découpez les gâteaux selon le schéma ci-dessus. Collez les gâteaux avec du glaçage blanc si nécessaire. Vous pouvez découper la partie supérieure du gâteau qui est bombée afin d'obtenir une surface parfaitement plane, plus facile à travailler. Décorez-les avec des friandises ou du glaçage.

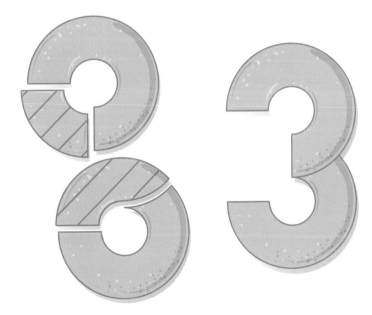

Pour faire un 4, préparez 3 gâteaux au choix cuits dans trois moules à cake (voir recettes pp. 106 à 113). Laissez bien refroidir sur une grille puis découpez les gâteaux selon le schéma ci-dessus. Collez les morceaux de gâteaux avec du glaçage blanc si nécessaire.

Vous pouvez découper la partie supérieure du gâteau qui est bombée afin d'obtenir une surface parfaitement plane, plus facile à travailler. Décorez-les avec des friandises ou du glaçage.

Vous pouvez utiliser les chutes de gâteaux pour fabriquer des éléments de décor (voitures...).

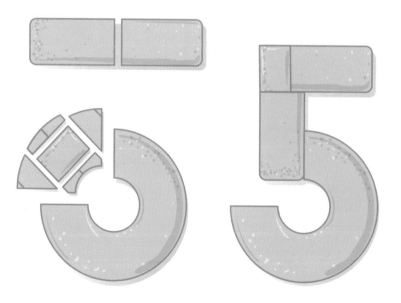

Pour faire un 5, préparez 1 gâteau au choix, cuit dans un moule à savarin Ø 26 cm et 1 gâteau cuit dans un moule à cake de 26 cm (voir recettes pp. 106 à 113). Laissez bien refroidir sur une grille puis découpez les gâteaux selon le schéma ci-dessus. Collez les gâteaux avec du glaçage blanc si nécessaire. Vous pouvez découper la partie supérieure du gâteau qui est bombée afin d'obtenir une surface parfaitement plane, plus facile à travailler. Décorez-les avec des friandises ou du glaçage.

Vous pouvez utiliser les chutes de gâteaux pour fabriquer des éléments de décor (voitures...).

Pour faire un 6, préparez 1 gâteau au choix, cuit dans un moule à savarin et 1 gâteau cuit dans un moule à cake (voir recettes pp. 106 à 113). Laissez bien refroidir sur une grille puis découpez les gâteaux selon le schéma ci-dessus. Collez les gâteaux avec du glaçage blanc si nécessaire. Vous pouvez découper la partie supérieure du gâteau qui est bombée afin d'obtenir une surface parfaitement plane, plus facile à travailler. Décorez-les avec des friandises ou du glaçage.

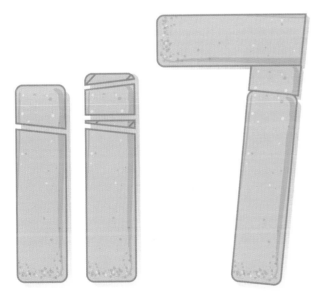

Pour faire un 7, préparez 2 gâteaux au choix cuits dans deux moules à cake (voir recettes pp. 106 à 113). Laissez bien refroidir sur une grille puis découpez les gâteaux selon le schéma ci-dessus. Vous pouvez décou-per la partie supérieure du gâteau qui est bombée afin d'obtenir une surface parfaite-ment plane, plus facile à tra-vailler. Collez les gâteaux avec du glaçage blanc si néces-saire. Décorez-les avec des friandises ou du glaçage.

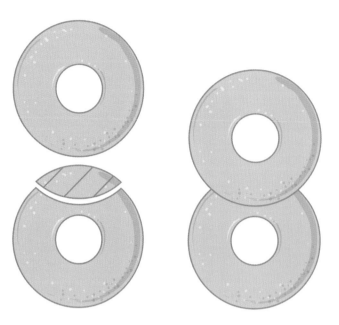

Pour faire un 8, préparez 2 gâteaux au choix cuits dans deux moules à savarin (voir recettes pp. 106 à 113). Laissez bien refroidir sur une grille puis découpez les gâteaux selon le schéma ci-dessus. Vous pouvez découper la partie supérieure du gâteau qui est bombée afin d'obtenir une surface parfaitement plane, plus facile à travailler. Collez les gâteaux avec du glaçage blanc si nécessaire. Décorez-les avec des friandises ou du glaçage.

Pour faire un 9, préparez 1 gâteau au choix, cuit dans un moule à savarin et 1 gâteau au choix cuit dans un moule à cake (voir recettes pp. 106 à 113). Laissez bien refroidir sur une grille puis découpez les gâteaux selon le schéma ci-dessus. Collez les gâteaux avec du glaçage blanc si nécessaire. Vous pouvez découper la partie supérieure du gâteau qui est bombée afin d'obtenir une surface parfaitement plane, plus facile à travailler. Décorez-les avec des friandises ou du glaçage.

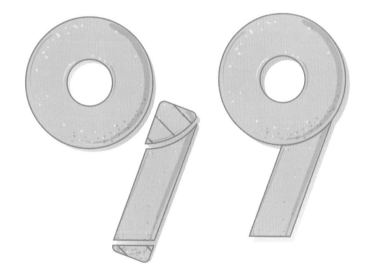

Les recettes de base...

Génoise
nature

*Préparation : **15 min***
*Cuisson : **10 à 40 min***

La génoise peut se conserver 8 jours au frais, bien enveloppée dans une feuille d'aluminium ou du film étirable.

1 moule à cake 26 cm
1 moule carré 20 x 20 cm
1 moule à savarin Ø 26 cm
1 moule rectangulaire 16 x 32 cm

Pour 1 génoise plate et mince :
1 plaque à pâtisserie 30 x 40 cm

1 moule à cake 30 cm
1 moule à manqué rond Ø 26 cm
1 moule ovale 24 x 36 cm

Pour 1 génoise épaisse :
1 moule à bords hauts 30 x 40 cm
Pour 2 génoises plates et minces :
2 plaques à pâtisserie 30 x 40 cm

Œufs	4	7
Sucre en poudre	125 g	200 g
Farine	125 g + un peu pour le moule	200 g + un peu pour le moule
Levure chimique	1/2 sachet (facultatif)	1 sachet (facultatif)
Beurre	pour le moule	pour le moule
Sel	1 pincée	2 pincées

● Préchauffez le four à 200 °C (th. 6-7).
● Mettez les œufs entiers et le sucre en poudre dans une terrine. Placez celle-ci au bain-marie, faites chauffer l'eau du bain-marie, tout en fouettant le mélange jusqu'à ce qu'il soit lisse et prenne du volume.
● Retirez du bain-marie le mélange œufs-sucre et incorporez peu à peu délicatement la farine, la levure et le sel, en mélangeant à l'aide d'une spatule, jusqu'à ce que la pâte soit homogène.

Cuisson dans un moule

● Beurrez et farinez le moule, puis retournez-le pour ôter l'excédent de farine et versez-y la pâte.
● Faites cuire selon le moule choisi et la quantité de pâte, en surveillant bien la cuisson (la pointe d'un couteau doit ressortir sèche) :
   Moule à manqué rond, moule ovale ou moule carré : 20 à 35 min, selon la taille du gâteau.
   Moule à savarin : 20 à 30 min.
   Moule à cake : 25 à 40 min, selon la taille du gâteau.
   Moule rectangulaire : 20 à 35 min, selon la taille du gâteau.
● Sortir la génoise du four et attendre 5 min avant de la démouler sur une grille. Laissez refroidir.

Cuisson sur une plaque à pâtisserie pour un biscuit plat et mince

● Placez une feuille de papier sulfurisé sur la plaque et versez la préparation en l'étalant uniformément.
● Faites cuire environ 10 min en surveillant bien la cuisson.
● Dès la sortie du four, retirez la génoise en la faisant glisser avec la feuille de papier sulfurisé sur la table. Couvrez d'un linge propre. En refroidissant, le biscuit évacue de la vapeur qui, maintenue sous le linge, lui conservera son moelleux, tandis qu'elle se condensera dessous, provoquant une forte humidité. Retournez le biscuit. La feuille de papier sulfurisé se retire alors facilement. Laissez refroidir complètement.

Génoise
au chocolat

*Préparation : **15 min***
*Cuisson : **10 à 40 min***

La génoise peut se conserver 3 jours au frais, bien enveloppée dans une feuille d'aluminium ou du film étirable.

	1 moule à cake 26 cm 1 moule carré 20 x 20 cm 1 moule à savarin Ø 26 cm 1 moule rectangulaire 16 x 32 cm Pour 1 génoise plate et mince : 1 plaque à pâtisserie 30 x 40 cm	1 moule à cake 30 cm 1 moule à manqué rond Ø 26 cm 1 moule ovale 24 x 36 cm Pour 1 génoise épaisse : 1 moule à bords hauts 30 x 40 cm Pour 2 génoises plates et minces : 2 plaques à pâtisserie 30 x 40 cm
Œufs	4	7
Sucre en poudre	125 g	200 g
Farine	120 g + un peu pour le moule	170 g + un peu pour le moule
Levure chimique	1/2 sachet (facultatif)	1 sachet (facultatif)
Cacao en poudre	20 g	30 g
Beurre	pour le moule	pour le moule
Sel	1 pincée	2 pincées

● Préchauffez le four à 200 °C (th. 6-7).

● Mettez les œufs entiers et le sucre en poudre dans une terrine. Placez celle-ci au bain-marie, faites chauffer l'eau du bain-marie, tout en fouettant le mélange jusqu'à ce qu'il soit lisse et prenne du volume.

● Dans un bol, mélangez la farine, le cacao et le sel.

● Retirez du feu le mélange œufs-sucre et incorporez peu à peu délicatement le mélange farine-cacao-sel, en mélangeant à l'aide d'une spatule, jusqu'à ce que la pâte soit homogène.

Cuisson dans un moule

● Beurrez et farinez le moule, puis retournez-le pour ôter l'excédent de farine et versez-y la pâte.

● Faites cuire selon le moule choisi et la quantité de pâte, en surveillant bien la cuisson (la pointe d'un couteau doit ressortir sèche) :

Moule à manqué rond, moule ovale ou moule carré : 20 à 35 min, selon la taille du gâteau.

Moule à savarin : 20 à 30 min.

Moule à cake : 25 à 40 min, selon la taille du gâteau.

Moule rectangulaire : 20 à 35 min, selon la taille du gâteau.

● Sortir la génoise du four et attendre 5 min avant de la démouler sur une grille. Laissez refroidir.

Cuisson sur une plaque à pâtisserie pour un biscuit plat et mince

● Placez une feuille de papier sulfurisé sur la plaque et versez la préparation en l'étalant uniformément.

● Faites cuire environ 10 min en surveillant bien la cuisson.

● Dès la sortie du four, retirez la génoise en la faisant glisser avec la feuille de papier sulfurisé sur la table. Couvrez d'un linge propre. En refroidissant, le biscuit évacue de la vapeur qui, maintenue sous le linge, lui conservera son moelleux, tandis qu'elle se condensera dessous, provoquant une forte humidité. Retournez le biscuit. La feuille de papier sulfurisé se retire alors facilement. Laissez refroidir complètement.

Génoise
aux amandes ou Joconde

*Préparation : **15 min***
*Cuisson : **10 à 40 min***

La génoise peut se conserver 8 jours au frais, bien enveloppée dans une feuille d'aluminium ou du film étirable.

1 moule à cake 26 cm
1 moule carré 20 x 20 cm
1 moule à savarin Ø 26 cm
1 moule rectangulaire 16 x 32 cm

Pour 1 génoise plate et mince :
1 plaque à pâtisserie 30 x 40 cm

1 moule à cake 30 cm
1 moule à manqué rond Ø 26 cm
1 moule ovale 24 x 36 cm

Pour 1 génoise épaisse :
1 moule à bords hauts 30 x 40 cm
Pour 2 génoises plates et minces :
2 plaques à pâtisserie 30 x 40 cm

Œufs	4	7
Sucre en poudre	125 g	240 g
Farine	40 g + un peu pour le moule	70 g + un peu pour le moule
Levure chimique	1/2 sachet (facultatif)	1 sachet (facultatif)
Poudre d'amande	125 g	200 g
Beurre	pour le moule	pour le moule
Sel	1 pincée	2 pincées

● Préchauffez le four à 200 °C (th. 6-7).

● Mettez les œufs entiers et le sucre en poudre dans une terrine. Placez celle-ci au bain-marie, faites chauffer l'eau du bain-marie, tout en fouettant le mélange jusqu'à ce qu'il soit lisse et prenne du volume.

● Dans un bol, mélangez la farine, la poudre d'amande et le sel.

● Retirez du feu le mélange œufs-sucre et incorporez peu à peu délicatement la farine et la poudre d'amande, en mélangeant à l'aide d'une spatule, jusqu'à ce que la pâte soit homogène.

Cuisson dans un moule

● Beurrez et farinez le moule, puis retournez-le pour ôter l'excédent de farine et versez-y la pâte.

● Faites cuire selon le moule choisi et la quantité de pâte, en surveillant bien la cuisson (la pointe d'un couteau doit ressortir sèche) :

Moule à manqué rond, moule ovale ou moule carré : 20 à 35 min, selon la taille du gâteau.

Moule à savarin : 20 à 30 min.

Moule à cake : 25 à 40 min, selon la taille du gâteau.

Moule rectangulaire : 20 à 35 min, selon la taille du gâteau.

● Sortir la génoise du four et attendre 5 min avant de la démouler sur une grille. Laissez refroidir.

Cuisson sur une plaque à pâtisserie pour un biscuit plat et mince

● Placez une feuille de papier sulfurisé sur la plaque et versez la préparation en l'étalant uniformément.

● Faites cuire environ 10 min en surveillant bien la cuisson.

● Dès la sortie du four, retirez la génoise en la faisant glisser avec la feuille de papier sulfurisé sur la table. Couvrez d'un linge propre. En refroidissant, le biscuit évacue de la vapeur qui, maintenue sous le linge, lui conservera son moelleux, tandis qu'elle se condensera dessous, provoquant une forte humidité. Retournez le biscuit. La feuille de papier sulfurisé se retire alors facilement. Laissez refroidir complètement.

Génoise
au thé matcha

*Préparation : **15 min***
*Cuisson : **10 à 40 min***

La génoise peut se conserver 8 jours au frais, bien enveloppée dans une feuille d'aluminium ou du film étirable.

	1 moule à cake 26 cm 1 moule carré 20 x 20 cm 1 moule à savarin Ø 26 cm 1 moule rectangulaire 16 x 32 cm **Pour 1 génoise plate et mince :** 1 plaque à pâtisserie 30 x 40 cm	1 moule à cake 30 cm 1 moule à manqué rond Ø 26 cm 1 moule ovale 24 x 36 cm **Pour 1 génoise épaisse :** 1 moule à bords hauts 30 x 40 cm **Pour 2 génoises plates et minces :** 2 plaques à pâtisserie 30 x 40 cm
Œufs	4	7
Sucre en poudre	125 g	240 g
Farine	125 g + un peu pour le moule	270 g + un peu pour le moule
Levure chimique	1/2 sachet (facultatif)	1 sachet (facultatif)
Poudre d'amande	125 g	200 g
Thé matcha en poudre	10 g	20 g
Beurre	pour le moule	pour le moule
Sel	1 pincée	2 pincées

● Préchauffez le four à 200 °C (th. 6-7).

● Mettez les œufs entiers et le sucre en poudre dans une terrine. Placez celle-ci au bain-marie, faites chauffer l'eau du bain-marie, tout en fouettant le mélange jusqu'à ce qu'il soit lisse et prenne du volume.

● Dans un bol, mélangez la farine, la levure, la poudre d'amande, le thé matcha et le sel.

● Retirez du feu le mélange œufs-sucre et incorporez peu à peu délicatement le mélange farine-levure-poudre d'amande-thé matcha-sel, en mélangeant à l'aide d'une spatule, jusqu'à ce que la pâte soit homogène.

Cuisson dans un moule

● Beurrez et farinez le moule, puis retournez-le pour ôter l'excédent de farine et versez-y la pâte.

● Faites cuire selon le moule choisi et la quantité de pâte, en surveillant bien la cuisson (la pointe d'un couteau doit ressortir sèche) :

Moule à manqué rond, moule ovale ou moule carré : 20 à 35 min, selon la taille du gâteau.

Moule à savarin : 20 à 30 min.

Moule à cake : 25 à 40 min, selon la taille du gâteau.

Moule rectangulaire : 20 à 35 min, selon la taille du gâteau.

● Sortir la génoise du four et attendre 5 min avant de la démouler sur une grille. Laissez refroidir.

Cuisson sur une plaque à pâtisserie pour un biscuit plat et mince

● Placez une feuille de papier sulfurisé sur la plaque et versez la préparation en l'étalant uniformément.

● Faites cuire environ 10 min en surveillant bien la cuisson.

● Dès la sortie du four, retirez la génoise en la faisant glisser avec la feuille de papier sulfurisé sur la table. Couvrez d'un linge propre. En refroidissant, le biscuit évacue de la vapeur qui, maintenue sous le linge, lui conservera son moelleux, tandis qu'elle se condensera dessous, provoquant une forte humidité. Retournez le biscuit. La feuille de papier sulfurisé se retire alors facilement. Laissez refroidir complètement.

Quatre-quarts
nature

*Préparation : **15 min***
*Cuisson : **20 à 40 min***

Le principe de cette recette est de peser les œufs, puis d'ajouter leur poids de sucre en poudre, de farine et de beurre. Si l'on choisit des gros œufs de 65 g, il est inutile de les peser : on sait que 4 œufs pèsent 240 g (car la coquille pèse 5 g).

	1 moule à cake 26 cm 1 moule carré 20 x 20 cm 1 moule à savarin Ø 26 cm 1 moule rectangulaire 16 x 32 cm	1 moule à cake 30 cm 1 moule à manqué rond Ø 26 cm 1 moule ovale 24 x 36 cm
Gros œufs (65 g)	3	7
Sucre en poudre	180 g	240 g
Farine	180 g	240 g
Levure chimique	1/3 sachet (facultatif)	1/2 sachet (facultatif)
Beurre	180 g + un peu pour le moule	240 g + un peu pour le moule
Sel	1 petite pincée	1 pincée

● Préchauffez le four à 200 °C (th. 6-7).

● Faites fondre le beurre doucement sans le faire cuire.

● Séparez les jaunes des blancs d'œufs.

● Dans une terrine, mélangez les jaunes d'œufs avec le sucre en poudre, en fouettant vigoureusement pour que le mélange devienne mousseux, puis incorporez-y le beurre fondu en mélangeant avec une cuillère en bois.

● Ajoutez la farine peu à peu et la levure sans cesser de remuer.

● Montez les blancs d'œufs en neige très ferme avec le sel fin et incorporez-les délicatement à la préparation.

● Beurrez le moule de votre choix et versez-y la pâte, en veillant à ne pas dépasser les deux tiers du moule.

● Faites cuire selon le moule choisi et la quantité de pâte, en surveillant bien la cuisson (la pointe d'un couteau doit ressortir sèche) :

    Moule à manqué rond, moule ovale ou moule carré : 20 à 35 min, selon la taille du gâteau.

    Moule à savarin : 20 à 30 min.

    Moule à cake : 25 à 40 min, selon la taille du gâteau.

    Moule rectangulaire : 20 à 35 min, selon la taille du gâteau.

● Sortez le quatre-quarts du four et attendez 5 min avant de le démouler sur une grille.

● Laissez refroidir complètement.

Quatre-quarts
au chocolat

Préparation : **15 min**
Cuisson : **20 à 40 min**

Le principe de cette recette est de peser les œufs, puis d'ajouter leur poids de sucre en poudre, de farine et de beurre. Si l'on choisit des gros œufs de 65 g, il est inutile de les peser : on sait que 4 œufs pèsent 240 g (car la coquille pèse 5 g).

	1 moule à cake 26 cm 1 moule carré 20 x 20 cm 1 moule à savarin Ø 26 cm 1 moule rectangulaire 16 x 32 cm	1 moule à cake 30 cm 1 moule à manqué rond Ø 26 cm 1 moule ovale 24 x 36 cm
Gros œufs (65 g)	3	7
Sucre en poudre	180 g	240 g
Farine	180 g	240 g
Levure chimique	1/3 sachet (facultatif)	1/2 sachet (facultatif)
Cacao en poudre	35 g	50 g
Beurre	180 g + un peu pour le moule	240 g + un peu pour le moule
Sel	1 petite pincée	1 pincée

- Préchauffez le four à 200 °C (th. 6-7).
- Faites fondre le beurre doucement sans le faire cuire.
- Séparez les jaunes des blancs d'œufs.
- Dans une terrine, mélangez les jaunes d'œufs avec le sucre en poudre, en fouettant vigoureusement pour que le mélange devienne mousseux, puis incorporez-y le beurre fondu en mélangeant avec une cuillère en bois.
- Ajoutez la farine peu à peu, le cacao et la levure sans cesser de remuer.
- Montez les blancs d'œufs en neige très ferme avec le sel fin et incorporez-les délicatement à la préparation.
- Beurrez le moule de votre choix et versez-y la pâte, en veillant à ne pas dépasser les deux tiers du moule.
- Faites cuire selon le moule choisi et la quantité de pâte, en surveillant bien la cuisson (la pointe d'un couteau doit ressortir sèche) :
  - Moule à manqué rond, moule ovale ou moule carré : 20 à 35 min, selon la taille du gâteau.
  - Moule à savarin : 20 à 30 min.
  - Moule à cake : 25 à 40 min, selon la taille du gâteau.
  - Moule rectangulaire : 20 à 35 min, selon la taille du gâteau.
- Sortez le quatre-quarts du four et attendez 5 min avant de le démouler sur une grille.
- Laissez refroidir complètement.

Gâteau au yaourt

*Préparation : **10 min***
*Cuisson : **20 à 40 min***

	1 moule à cake 26 cm 1 moule carré 20 x 20 cm 1 moule à savarin Ø 26 cm 1 moule rectangulaire 16 x 32 cm	1 moule à cake 30 cm 1 moule à manqué rond Ø 26 cm 1 moule ovale 24 x 36 cm
Yaourt nature	1	2
Œufs	2	4
Sucre en poudre	1 pot 1/2	3 pots
Farine	3 pots	6 pots
Levure chimique	1 sachet	2 sachets
Huile d'arachide	1 pot	2 pots
Beurre	pour le moule	pour le moule
Sel	1 petite pincée	1 pincée

Le principe de cette recette est d'utiliser le pot de yaourt comme unité de mesure.

● Préchauffez le four à 180 °C (th. 6).

● Videz le yaourt nature dans une jatte et conservez le pot comme unité de mesure.

● Ajoutez au yaourt les œufs entiers et le sucre en poudre, puis mélangez.

● Ajoutez la farine peu à peu, la levure et le sel. Ajoutez l'huile et mélangez bien pour obtenir une pâte homogène.

● Beurrez le moule de votre choix et versez-y la pâte, en veillant à ne pas dépasser les deux tiers du moule.

● Faites cuire selon le moule choisi et la quantité de pâte, en surveillant bien la cuisson (la pointe d'un couteau doit ressortir sèche) :

Moule à manqué rond, moule ovale ou moule carré : 20 à 35 min, selon la taille du gâteau.

Moule à savarin : 20 à 30 min.

Moule à cake : 25 à 40 min, selon la taille du gâteau.

Moule rectangulaire : 20 à 35 min, selon la taille du gâteau.

● Laissez refroidir complètement.

Gâteau au chocolat

Préparation : **10 min**
Cuisson : **25 à 40 min**

	1 moule à cake 26 cm 1 moule carré 20 x 20 cm 1 moule à savarin Ø 26 cm 1 moule rectangulaire 16 x 32 cm	1 moule à cake 30 cm 1 moule à manqué rond Ø 26 cm 1 moule ovale 24 x 36 cm
Œufs	4	6
Chocolat noir dessert	150 g	200 g
Beurre	75 g	100 g
Sucre en poudre	150 g	200 g
Farine	75 g	100 g
Levure chimique	1/4 de sachet	1/3 de sachet
Beurre	pour le moule	pour le moule
Sel	1 petite pincée	1 pincée

● Préchauffez le four à 200 °C (th. 6-7).

● Séparez les jaunes des blancs d'œufs.

● Dans une casserole, cassez le chocolat en petits morceaux et faites-le fondre avec le beurre à feu très doux. Vous pouvez aussi utiliser le four à micro-ondes en position douce.

● Retirez du feu et ajoutez en mélangeant les jaunes d'œufs l'un après l'autre, puis le sucre en poudre, la farine et la levure.

● Battez les blancs en neige ferme avec le sel et intégrez-les délicatement au mélange.

● Versez cette pâte dans le moule de votre choix (beurré si nécessaire).

● Faites cuire selon le moule choisi et la quantité de pâte, en surveillant bien la cuisson (la pointe d'un couteau doit ressortir sèche) :

  Moule à manqué rond, moule ovale ou moule carré : 20 à 35 min, selon la taille du gâteau.

  Moule à savarin : 20 à 30 min.

  Moule à cake : 25 à 40 min, selon la taille du gâteau.

  Moule rectangulaire : 20 à 35 min, selon la taille du gâteau.

● Laissez refroidir complètement.

Pâte sablée

*Préparation : **10 min***
*Repos au frais : **1 h minimum***
(idéalement 24 h)
*Cuisson : **10 min***

*Cette pâte peut très bien se conserver
1 semaine au réfrigérateur, à condition
de la laisser en boule, enveloppée dans
une feuille d'aluminium.*

Pour 16 sablés de 12 cm de long
ou 8 sablés de 20 cm de long
ou 1 fond de tarte Ø 25 à 30 cm

- 250 g de farine
- 125 g de beurre à température ambiante
- 125 g de sucre en poudre
- 1 sachet de sucre vanillé (facultatif)
- 1 œuf
- 1 cuil. à soupe de lait
- 1 pincée de sel fin

● Dans une grande terrine, mettez la farine, le beurre, le sucre en poudre, le sucre vanillé et le sel.

● Mélangez du bout des doigts, très rapidement, pour obtenir une masse poudreuse comme des grains de sable.

● Creusez un puits au centre et mettez-y l'œuf et le lait. Mélangez pour obtenir une pâte homogène. La pâte ne doit pas être trop travaillée.

● Formez une boule, entourez-la de film alimentaire et laissez-la reposer au moins 1 h au réfrigérateur.

● Étalez la pâte au rouleau ou à la main et utilisez-la pour la recette de votre choix.

Pâte à choux

*Préparation : **15 min***
*Cuisson : **35 à 40 min***

*Cette pâte ne se prépare pas à l'avance,
sinon elle craquerait à la cuisson.
Elle doit être façonnée et cuite,
dès qu'elle est réalisée.*

Pour 650 g de pâte

- 20 cl de lait entier
- 100 g de beurre
- 4 œufs
- 10 g de sucre en poudre
- 120 g de farine
- 1 pincée de sel fin

● Coupez le beurre en morceaux. Mettez dans une casserole à fond épais le lait, le sucre en poudre, les morceaux de beurre et le sel. Portez doucement à ébullition.

● Dès que le beurre est fondu, retirez du feu et versez la farine en une seule fois.

● Remettez sur feu doux et remuez énergiquement à l'aide d'une spatule ou d'une cuillère en bois, en laissant dessécher la pâte environ 30 s. La pâte doit se détacher des parois de la casserole en un mélange bien homogène.

● Dès que la pâte se détache bien du fond de la casserole, retirez du feu.

● Incorporez 2 œufs entiers en fouettant quelques secondes, puis les 2 autres très rapidement et fouettez jusqu'à ce que la pâte soit lisse et ferme. La pâte est prête à cuire.

Crème anglaise

Préparation : **15 min**
Cuisson : **10 min**
Refroidissement : **2 h**

Cette crème peut se conserver 24 h au réfrigérateur, dans un récipient fermé hermétiquement ou dans un saladier couvert de film alimentaire.

	Pour 50 cl	Pour 75 cl	Pour 1 litre
Lait	50 cl	75 cl	1 litre
Jaunes d'œufs (très frais)	5	8	10
Sucre en poudre	125 g	180 g	250 g
Vanille	1 gousse	1 gousse	1 gousse

● Fendez la gousse de vanille et grattez l'intérieur, mettez le tout dans une grande casserole de lait et portez lentement à ébullition, puis éteignez le feu. Laissez la vanille infuser.

● Dans une jatte, battez vigoureusement les jaunes d'œufs avec le sucre en poudre.

● Ôtez la gousse de vanille et versez le lait chaud peu à peu sur le mélange, sans cesser de remuer.

● Reversez le mélange dans la casserole puis laissez cuire sur feu très doux, sans faire bouillir, en remuant constamment. Dès que la crème nappe la spatule en bois, passez le doigt dessus. La trace laissée doit être nette.

● Laissez refroidir la crème dans la casserole ou directement dans un saladier, puis mettez-la au réfrigérateur.

Crème pâtissière au chocolat

Préparation : **15 min**
Cuisson : **10 min**
Refroidissement : **2 h**

*Cette crème peut se conserver 2 jours
au réfrigérateur, dans un récipient fermé
hermétiquement ou dans un saladier
couvert de film alimentaire.*

	Pour 60 cl	Pour 90 cl	Pour 120 cl
Chocolat noir pâtissier	50 g	75 g	100 g
Lait entier	50 cl + 10 cl	75 cl + 15 cl	1 litre + 20 cl
Jaunes d'œufs (très frais)	4	6	8
Sucre en poudre	150 g	220 g	300 g
Farine	50 g	75 g	100 g
Vanille	1 gousse	1 gousse	1 gousse

● Dans une grande casserole, mettez 50 cl (ou 75 cl ou 1 litre) de lait, la gousse de vanille fendue et grattée pour recueillir l'intérieur et le mettre dans le lait. Portez à ébullition et maintenez-la pendant 2 min.

● Cassez le chocolat en petits morceaux et, hors du feu, ajoutez-les au lait bouilli. Mélangez à l'aide d'un petit fouet jusqu'à ce que le chocolat soit entièrement fondu.

● Dans une jatte, battez vigoureusement les jaunes d'œufs avec le sucre en poudre. Incorporez la farine peu à peu, puis le lait froid restant. Versez ensuite le lait chocolaté sur le mélange, sans cesser de remuer.

● Reversez le mélange dans la casserole. Portez à ébullition et maintenez-la pendant 3 min, en remuant constamment.

● Laissez refroidir la crème dans la casserole ou directement dans un saladier puis mettez-la au réfrigérateur.

Glaçage au chocolat

- 200 g de chocolat pâtissier
- 1 cuil. à soupe d'huile neutre

L'huile n'est pas obligatoire, mais elle apporte de la souplesse et du brillant au glaçage. On peut la remplacer par 60 g de beurre frais.

- Cassez le chocolat en petits morceaux et faites-le fondre dans un bol au bain-marie frémissant ou au four à micro-ondes en position douce.
- Attendez que les morceaux de chocolat soient bien mous (vérifier avec la pointe d'un couteau) avant de les mélanger.
- Laissez-le tiédir à environ 35 à 40 °C (température supportable au doigt) et versez-y l'huile peu à peu, en mélangeant à la spatule.
- Le chocolat doit être à peine tiède au moment de l'étaler sur le gâteau. Trop chaud, il coulerait, trop froid, il ne couvrirait pas les bords.
- Posez le gâteau cuit et refroidi sur une grille pour en dégager les bords.
- Versez ce glaçage au chocolat au centre du gâteau, et étalez-le uniformément avec une spatule souple.
- Déposez le gâteau sur le plat de service très délicatement, quand le chocolat n'est pas encore dur, afin d'éviter les craquelures. Laissez prendre à température ambiante, puis au réfrigérateur.

Glaçage blanc

Pour coller

- 1 cuil. à café de blanc d'œuf
- 3 gouttes de jus de citron (facultatif)
- 100 g de sucre glace

- Versez la petite quantité de blanc d'œuf dans un bol et ajoutez petit à petit 5 fois son volume en sucre glace tamisé, en fouettant énergiquement avec une spatule en bois.
- Ajoutez les gouttes de jus de citron. Remuez énergiquement.
- Le glaçage blanc est prêt quand, en retirant la spatule, la pointe formée est rigide. Si elle s'affaisse, ajoutez du sucre glace. Ce glaçage « mortier » doit être très épais.
- En attendant l'utilisation, recouvrez d'un linge humide.

Pour napper

- 1 blanc d'œuf
- 200 g de sucre glace

- Versez le blanc d'œuf dans un bol et ajoutez petit à petit le sucre glace tamisé, en fouettant énergiquement avec une spatule en bois.
- La préparation doit être lisse, consistante mais légèrement coulante.
- Posez le gâteau cuit et refroidi sur le plat de service. Attention, une fois le glaçage pris, celui-ci peut se craqueler si l'on bouge le gâteau.
- Versez le glaçage blanc au centre du gâteau et étalez-le uniformément avec une spatule.
- Laissez sécher à température ambiante, puis durcir au réfrigérateur.

Et aussi...

- Vous pouvez aussi faire un glaçage à l'eau, sans blanc d'œuf. Pour cela, versez très progressivement très peu d'eau tiède dans le sucre glace, sans cesser de remuer jusqu'à la consistance souhaitée.

Idées déco
pour les gâteaux

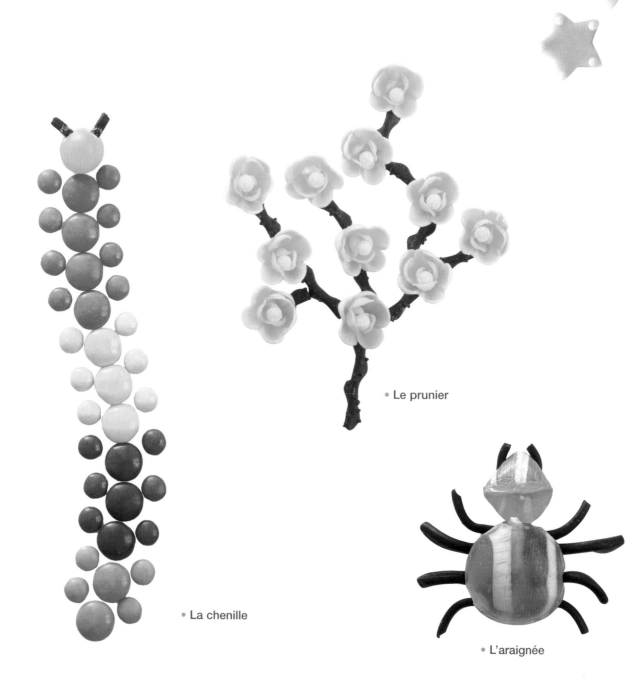

• Le prunier

• La chenille

• L'araignée

• Le fond sous-marin

• Les étoiles

• L'arbre

• Les petits animaux

119

Idées déco pour la table

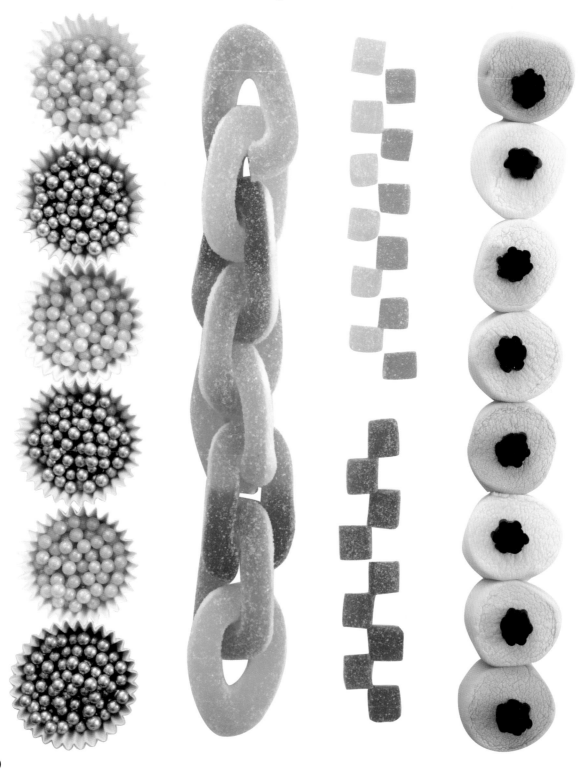

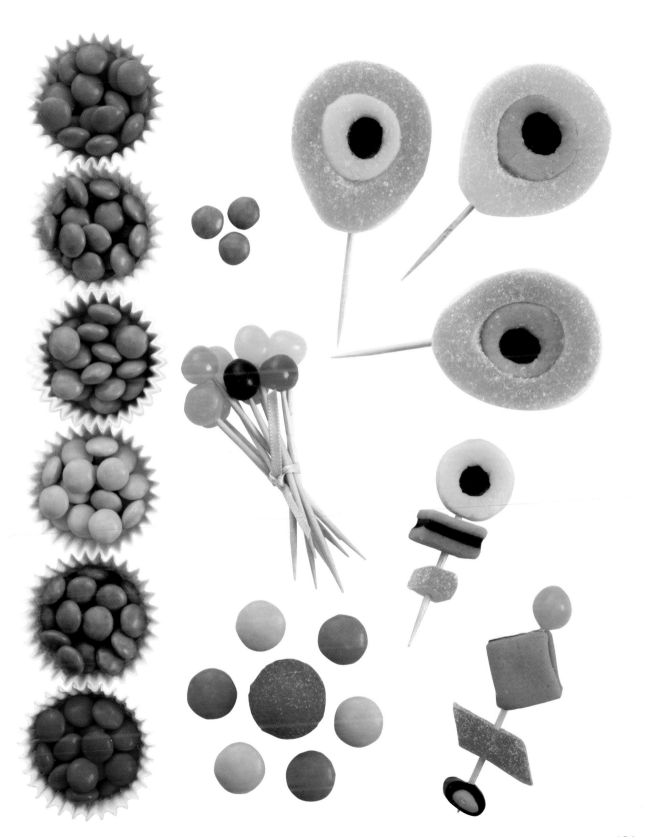

Nos astuces déco

Pour recouvrir vos gâteaux

Vous avez le choix !

En fonction de l'effet désiré, utilisez :

• Du glaçage blanc (recette p. 117) auquel vous pouvez ajouter quelques gouttes de colorant alimentaire ;

• Du glaçage au chocolat, chocolat au lait ou chocolat blanc auquel vous pouvez ajouter quelques gouttes de colorant alimentaire ;

• De la pâte d'amande étalée au rouleau : pour éviter que la pâte d'amande colle au rouleau, utilisez un rouleau en silicone ou bien ajoutez de la poudre d'amande dès que cela accroche trop ;

• Du sucre glace ou du cacao en poudre (ou les deux !) en couverture totale ou en couverture partielle : utilisez des pochoirs afin de produire des dessins (utilisez une passoire afin de saupoudrer uniformément) ;

• De la poudre d'amande ou de la poudre de pistache, si vous souhaitez donner de la couleur à vos desserts ;

• Avec du sucre en poudre coloré : dans un sachet de congélation, mettez quelques cuillerées à soupe de sucre en poudre et 1 ou 2 gouttes de colorant. Refermez le sachet et secouez de façon à répartir la couleur. Utilisez comme du sucre glace.

Les outils indispensables

• Des feutres alimentaires pour écrire le prénom de l'enfant et son âge, ou bien le nom des invités sur les biscuits individuels.

• Colorants alimentaires : les couleurs rouge, vert et jaune sont disponibles en grande surface. Pour le bleu, il faut aller en magasin spécialisé dans le matériel culinaire (voir adresses p. 126).

• Emportes-pièces : si vous n'avez pas d'emportes-pièces de différentes formes et tailles, recyclez ! Par exemple, un tube d'aspirine pour faire des mini-cercles, des verres de différentes tailles, des boîtes de conserve pour faire des cercles, des boites carrées, ovales ou rectangulaires pour faire des formes étonnantes...

Déco rigolo pour gâteaux

• Du pain azyme en forme de fleurs à piquer sur un gâteau. En vente en magasin spécialisé dans le matériel culinaire (voir adresses p. 126).

• Vous pouvez aussi découper des formes amusantes dans des feuilles de pain azyme rectangulaires (voiture, personnages, petites fleurs...). En vente en magasin spécialisé dans le matériel culinaire (voir adresses p. 126).

• Modelez des formes amusantes dans de la pâte d'amande : cochon (voir p. 43), animaux (voir p. 118), personnages, etc.

• Disposez des chiffres et des lettres en sucre afin de former l'âge et le prénom de la personne fêtée.

• Confectionnez des sablés chiffres et lettres en utilisant des emporte-pièces spéciaux en forme de chiffres et de lettres.

• Disposez des petites meringues sur le gâteau.

• Râpez un peu de chocolat, coupez des bâtons d'angélique confite en petits morceaux et parsemez sur les gâteaux.

• Pensez aux pastilles et paillettes à parsemer. Il en existe de toutes les couleurs et de toutes les formes (animaux, cœurs, fruits, feuilles et fleurs, etc.)

Idées déco pour la table

• Pour Pâques, remplissez des mini-caissettes de couleur de bonbons mimosa ou de petits œufs en chocolat. Faites de même avec toutes sortes de confiseries pour d'autres occasions.

• Éparpillez des chiffres décor en sucre afin de former l'âge de la personne fêtée en farandole ou près de chaque assiette.

• Pour faire trempette : remplissez des petits ramequins (jouez sur les formes et les couleurs), de crèmes et confitures de toutes sortes dans lesquelles les enfants pourront tremper leurs gâteaux et sablées (Nutella, beurre de cacahuète, crème anglaise, confitures de fraise, groseille, orange, etc.).

• Animez les biscuits : personnalisez quelques biscuits en dessinant des visages ou des lettres avec du glaçage blanc ou du chocolat fondu (vous pouvez y ajoutez quelques gouttes de colorant alimentaire).

- Piquez des petits parasols ou mélangeurs d'autres formes dans des bonbons (marshmallows ou bonbons anglais par exemple) et dispersez-les sur la table. Vous pouvez aussi créer des brochettes de bonbons avec des piques alimentaires.
- Décorez les boissons des enfants en piquant des bonbons sur des mélangeurs ou des pailles. Vous pouvez aussi, par exemple, imiter une rondelle de citron en découpant un rouleau de réglisse jusqu'au centre et en le fixant sur le bord du verre.
- Sur des soucoupes remplies de sucre candi, écrivez au glaçage de couleur les lettres du prénom de l'enfant dont c'est l'anniversaire.
- Pour un goûter à thème, formez avec des bonbons de formes différentes des messages à l'attention des enfants et des invités.
- Un délicieux parfum de fleurs : pour une table printanière, disposez des calissons, des barquettes Trois Chatons, ou des dragées de manière à former de jolies fleurs. En leur centre, ajouter quelques bonbons mimosa ou un Smarties jaune. Pensez aussi aux fleurs en sucre et aux pétales de rose cristallisés, disponibles dans les boutiques spécialisées et les rayons pâtisserie des grandes surfaces (voir p. 126). Composez vos bouquets dans des petits verres colorés : sucettes, biscuits Mikado, sarments du Médoc, etc.
- Pensez à la carambole. Ce petit fruit exotique, une fois découpé en tranches, se présente sous forme de délicieuses étoiles, parfaites pour décorer plats et assiettes.
- Quelques rondelles de fraise apporteront une touche de couleur supplémentaire.

N'oubliez pas que ça existe

- Ayez le réflexe d'aller voir dans les rayons pâtisserie pour faire le plein d'objets et idées déco !
- Achetez les gâteaux (cakes, génoises, quatre-quarts...) déjà tout prêts dans les rayons pâtisserie/boulangerie des supermarchés. Vous gagnerez ainsi du temps que vous pourrez consacrer à la déco.

Pensez-y !

- Utilisez des mini-moules ou des moules individuels en silicone ou des caissettes en papier afin de fabriquer des mini-gâteaux.

Pour accompagner

- Pensez aux sirops ! Créer des boissons rigolotes et colorées qui raviveront votre table et raviront les papilles des enfants.
- Smoothies et compagnie : en un rien de temps, préparez de succulentes boissons en mixant toutes sortes de fruits de saisons et/ou du yaourt. Présentez-les dans des mini-verres en plastique transparents avec 1/2 paille. Jouer sur les couleurs et n'hésitez pas à innover !
- Glaçons-bonbons : dans des moules à glaçons, placez des petits bonbons gélifiés de toutes formes, versez de l'eau sur les bonbons et faites prendre au congélateur.

Option chocolat

- Disposez des palets ou des copeaux de chocolats au lait sur le gâteau, ou dans des petits ramequins.

Pour emporter

- Coupez une tablette de chocolat (blanc, au lait ou noir) en morceaux. Faites-les fondre au bain-marie et versez dans des petits moules de formes diverses. Laissez refroidir et durcir. Démoulez. Un bâtonnet en bois piqué dedans et vous obtenez de bien succulentes sucettes !
- Confectionnez des brochettes amusantes. Bonbons, fruits frais, biscuits, piquez selon vos envies et votre imagination !
- Enfilez quelques bonbons sur du fil de nylon ou de l'élastique fin. Nouez les deux extrémités. Les petites demoiselles seront ravies d'arborer le temps d'un goûter colliers de fraises Tagada, bracelets de Dragibus, etc.

Pour emballer

Pour emballer les petits cadeaux que vous offrez aux enfants, il existe une multitude de contenants :
- Du papier cellophane transparent ou de couleur.
- Du papier de soie ou un morceau de tissu noué avec un ruban comme une aumônière.
- Des boîtes de toutes les formes.
- Pensez à la récup : des filets de fruits ou des emballages de biscuits, chocolats, etc.
- Agrémentez ces emballage de rubans, de ficelles de couleur, de bonbons fils, de raphia, d'autocollants, de paillettes, etc.
- Personnalisez en inscrivant le nom de chaque enfant.

Les bonbons

• Dragées chocolat
or et argent

• Berlingots

• Pièces en chocolat

• Baleine gélifiée

• Capsule de poud
acidulée

• Bonbon réglisse
long fourré au sucre

• Bonbon anglais rond
(cœur réglisse)

• Poissons gélifiés

• Sucette

• Ourson guimauve
au chocolat

• Carré blanc
à la menthe

• Œuf
en chocolat

• Marshmallow

• Boules
de chewing-gum

• Karaneige

• Souris
gélifiée

• Bonbon
ruban

• Baskets gélifiées

• Bonbons
« HariChristmas »

• Sarment du Médoc

• Bâton de réglisse

• Meringue blanche

• Rouleau de réglisse

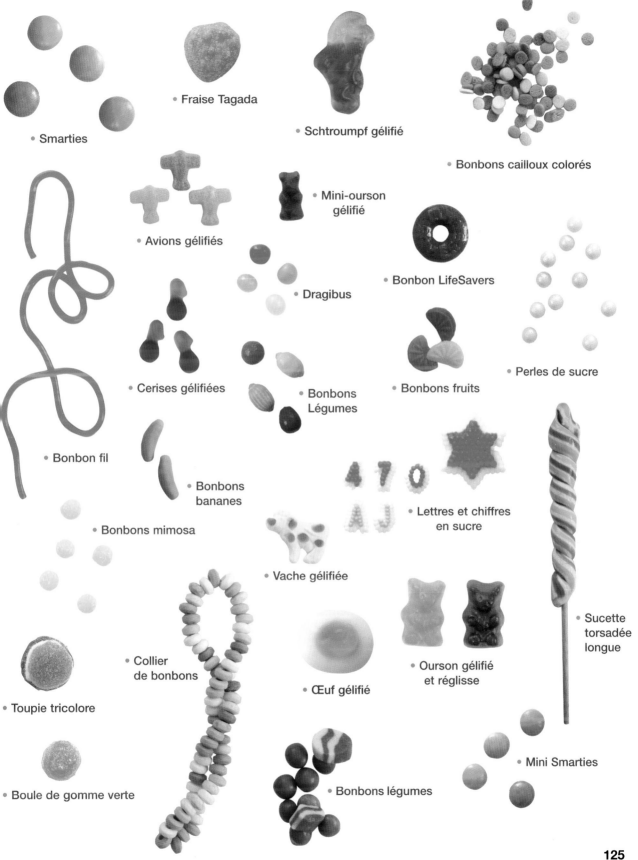

• Smarties

• Fraise Tagada

• Schtroumpf gélifié

• Bonbons cailloux colorés

• Mini-ourson gélifié

• Avions gélifiés

• Dragibus

• Bonbon LifeSavers

• Cerises gélifiées

• Bonbons Légumes

• Bonbons fruits

• Perles de sucre

• Bonbon fil

• Bonbons bananes

• Bonbons mimosa

• Lettres et chiffres en sucre

• Vache gélifiée

• Collier de bonbons

• Toupie tricolore

• Œuf gélifié

• Ourson gélifié et réglisse

• Sucette torsadée longue

• Boule de gomme verte

• Bonbons légumes

• Mini Smarties

125

Les boutiques spécialisées

••• À Paris

Mora

13, rue Montmartre 75001
Tél.: 01 45 08 19 24
www.mora.fr

Matériel de pâtisserie, moules
et emporte-pièces de toutes
sortes, vaisselle jetable,
fournitures et décors pour
pâtisserie.

La Bovida

36, rue Montmartre 75001
Tél.: 01 42 36 09 99
19, av. Corentin-Cariou 75019
Tél.: 01 40 36 12 62
www.labovida.com

Matériel de pâtisserie, moules
et emporte-pièces de toutes
sortes, vaisselle jetable
et décors pour pâtisserie.

Simon A.

48-52, rue Montmartre 75002
Tél.: 01 42 33 71 65
www.simon-a.com

Matériel de pâtisserie, moules
et emporte-pièces de toutes
sortes.

E. Dehillerin

18-20, rue Coquillère 75001
Tél.: 01 42 36 53 13
www.e-dehillerin.fr

Matériel de pâtisserie, moules
et emporte-pièces de toutes
sortes.

G. Detou

58, rue Tiquetonne 75002
Tél.: 01 42 36 54 67
www.gdetou.com

Fournitures et décors pour
pâtisserie : glaçage au
chocolat, pâte de pistache,
fleurs en pain azyme, dragées,
poudre d'amande au kilo.

Lafayette Gourmet

40, bd Haussmann 75009
Tél.: 01 42 82 34 56

Fournitures et décors pour
pâtisserie.

La Grande Épicerie de Paris (Le Bon Marché)

38, rue de Sèvres 75007
Tél.: 01 44 39 81 00

Fournitures et décors pour
pâtisserie.

L'Atelier des chefs

10, rue de Penthièvre 75008
Tél.: 01 53 30 05 82

27, rue Péclet 75015
Tél.: 01 56 08 33 50

20, rue Saint-Lazare 75009
Tél.: 01 49 70 97 50

www.atelierdeschefs.com

Matériel de pâtisserie,
fournitures et décors pour
pâtisserie.

••• En régions

L'Atelier des chefs

25, rue Judaïque
33000 Bordeaux
Tél.: 05 56 00 72 70

8, rue Saint-Nizier
69002 Lyon
Tél.: 04 78 92 46 30

11, rue de la Clavurerie
44000 Nantes
Tél.: 02 40 47 57 06

75, bd de la Liberté
59000 Lille
Tél.: 03 20 17 17 50

18, rue de la Chaudronnerie
21000 Dijon
Tél.: 03 80 31 72 75

39, rue du Faubourg-de-Saverne
67000 Strasbourg
Tél.: 03 88 35 90 39

14-16, rue Constantin
13100 Aix-en-Provence
Tél.: 04 42 96 41 03

La Bovida

49, route de Grenoble
06200 Nice
Tél.: 04 93 21 00 90

20, rue Colbert
13001 Marseille
Tél.: 04 91 90 60 19

46, avenue Pierre-Mendès-France
14120 Mondeville
Tél.: 02 31 83 30 98

74 bis, avenue Georges-Pompidou
19100 Brive
Tél.: 05 55 24 04 21

ZAC de Kergaradec
3, rue Henri-Becquerel
29850 Gouesnou
Tél.: 02 98 42 07 05

17, impasse des États-Unis
31200 Toulouse
Tél.: 05 34 40 63 58

ZA Bersol
7, rue Robert-Schuman
33170 Gradignan
Tél.: 05 56 85 67 32

220, route de Lorient
ZI route de Lorient
35000 Rennes
Tél.: 02 99 59 57 43

51, boulevard Gustave-Roch
44200 Nantes
Tél.: 02 40 48 02 25

35, rue Marcel-Brot
54000 Nancy
Tél.: 03 83 35 70 75

8, rue de l'Europe
59160 Lomme
Tél.: 03 20 93 76 88

Parc d'activité GVIO/BAT 2
1, rue des Vergers
69760 Limonest
Tél.: 04 78 69 59 30

18, rue Desseaux
76100 Rouen
Tél.: 02 35 72 79 98

80, avenue de l'Europe
ZAC des Playes
83140 Six-Fours-les-Plages
Tél.: 04 94 94 12 29

ZI Nord
19-25, rue Auguste-Comte
87280 Limoges
Tél.: 05 55 30 12 15

10, avenue de Normandie
94150 Rungis
Tél.: 01 46 87 52 12

••• À Londres

L'Atelier des chefs

17 Wigmore Street
London W1U 1PH
Tél.: 0207 499 6580

Bonbons et confiseries

www.glups.fr

www.bonbonweb.com

www.bonbonenfete.fr

www.allobonbons.com

www.mon-anniversaire.com

••• Vente par correspondance

Patiwizz

www.patiwizz.com

Patiwizz Groupe Avenue des Jeux
ZA Beau-Soleil
44116 Vieillevigne
Tél.: 02 51 11 86 52

La Bovida

www.labovida.com

Le César
rue du Bois-des-Chagnières
18570 Le Subdray
Tél.: 0 820 200 960
Courriel: commercial@labovida.com

Mathon

www.mathon.fr

ZI La Gloriette
38160 Saint-Marcellin
Tél.: 0 892 391 100

Fortunat

www.fortunat.fr

22, rue Paul-Chenavard BP 1092
69202 Lyon Cedex 01
Tél.: 04 72 07 44 04
Courriel: fortunat@wanadoo.fr

Les boutiques déco

Et n'oubliez pas de chiner dans les rayons
des boutiques suivantes pour les petits contenants,
les éléments déco, la vaisselle, le linge de table,
à prix doux:

Casa, Pier Import, Tati, Tati Mariage, Inno/Monoprix,
les supermarchés, les bazars de quartier, les boutiques
de scrapbooking, les boutiques de loisirs créatifs,
de tissus, de perles, de jolis papiers…

Ouvrage publié sous la direction de Laure Paoli
Réalisation éditoriale : **Myrtille Chareyre**

Conception graphique : **Anne Pelseneer**
Réalisation et conception graphique : **Marc Prudent/Cloudnmud**
Conception de la couverture : **Anne Pelseneer**

Stylisme : **Julie Schwob**
Photographies : **Alexandra Duca**
Illustrations des chiffres (pp. 100 à 104) : **Cécile Mazur**
Illustration du violon (p. 86) : **BeeBoo Design**

Julie Schwob remercie chaleureusement les personnes,
boutiques et marques suivantes :

- **Madame Guimard** et **Monsieur Aubert** de la Société Glups (www.glups.fr) pour leurs merveilleux bonbons !
- **Rice** (www.rice.dk) pour la vaisselle, les rubans, et les accessoires : pp. 23, 36, 72 et 92 ;
- **Zak-designs** (www.zak-designs.org) pour les verres, pailles
  et accessoires en plastique : pp. 20, 32, 76, 83, 84 et 91 ;
- **Plastiques**, 103 rue de Rennes, 75006 Paris : pp. 84 et 88 ;
- **Just for Life**, 20 rue Houdon, 75018 Paris, pour les multitudes d'idées déco
  et les dépannages de dernière minute : pp. 36 et 92 ;
- **Cassie-Cassienette**, **Balsane**, **Baptiste**, **Félix** et **Victor** qui ont bien voulu me prêter leurs jouets !
- **Myrtille** pour ses trouvailles malgaches, **Laure** la reine du scrapbooking et **Marie-Christine** docteur es Truck ;
- **Alexandra** pour son endurance et son sourire au fil de ce livre !
- **Stephen**, pour ses merveilleux « pounces » quotidiens ;
- **Mado** pour sa présence indéfectible dans mon cœur.

Pour des raisons de lisibilité nous avons choisi d'écrire les marques déposées
avec une majuscule, sans les faire suivre du sigle TM.

Éditions Albin Michel
22, rue Huyghens 75014 Paris
www.albin-michel.fr

Achevé d'imprimer en France sur les presses de Pollina

ISBN : 978-2-226-16955-6
Dépôt légal : septembre 2007
N° d'édition : 17513/2
N° d'impression : L54834